郑一群 著

工匠精神

卓越员工的十项修炼

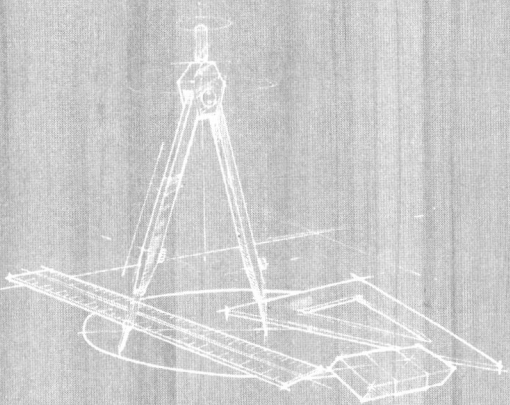

新华出版社

图书在版编目（CIP）数据

工匠精神：卓越员工的十项修炼／郑一群著.
——北京：新华出版社，2016.5
ISBN 978-7-5166-2575-0

Ⅰ.①工… Ⅱ.①郑… Ⅲ.①企业－职工－修养 Ⅳ.①F272.92

中国版本图书馆CIP数据核字(2016)第127016号

工匠精神：卓越员工的十项修炼

作　　者：郑一群

责任编辑：赵怀志　沈文娟　　　责任印制：廖成华
责任校对：刘保利　　　　　　　封面设计：臻美书装

出版发行：新华出版社
地　　址：北京石景山区京原路8号　　邮　　编：100040
网　　址：http://www.xinhuapub.com　http://press.xinhuanet.com
经　　销：新华书店
购书热线：010－63077122　　　中国新闻书店购书热线：010－63072012
照　　排：臻美书装
印　　刷：河北鑫兆源印刷有限公司

成品尺寸：145mm×210mm　1/32
印　　张：11　　　　　　　　　字　　数：200千字
版　　次：2016年7月第一版　　　印　　次：2022年2月第七次印刷

书　　号：ISBN 978-7-5166-2575-0
定　　价：32.00元

图书如有印装问题请与出版社联系调换：010-63077101

前言

当今时代需要什么样的精神？百年企业的持续发展靠什么？在今天这个产品极大丰富、企业竞争百舸争流的时代，企业经营者和员工是我行我素、放任自流，还是恪尽职守、精益求精？

李克强总理在 2016 年的政府工作报告中给出了答案："鼓励企业开展个性化定制、柔性化生产，培育精益求精的工匠精神，增品种、提品质、创品牌。""工匠精神"写在政府工作报告中，令人耳目一新，引起广泛关注。

"工匠精神"为何值得关注、如此重要？

古往今来，"工匠精神"一直都在改变着世界；热衷于技术与发明创造的"工匠精神"，是每个国家活力的源泉，中国的创新驱动发展也正呼唤"工匠精神"的回归。可以说，高尚的"工匠精神"是任何时代都不可缺少的。

或许，我们一提到"工匠精神"，人们想到的可能更多的是木匠、铜匠、铁匠、泥瓦匠等各种匠人，工匠精神的确是从这些人身上走出来的一种精神，但还不能代表当今社会最核心的工匠精神。在现代社会，工匠的核心不是"制作"什么，而是一种心态。"工匠精神"是指"一种生命态度，其价值在于一丝不苟，精益求精，一以贯之，对匠心、精品的坚持和追求"。工匠精神，贯注于匠人们精打细磨、精益求精的工作状态，他们心无旁骛、踏踏实实做活儿，在锲而不舍的坚持中熟能生巧，匠心独运、追求极致。这是令人敬畏的，这需要耐得住寂寞，受得了诱惑，克服得了困难，数十年如一日，全心全力地去做一件没有尽头的事才能体会的修行。古语云："玉不琢，不成器。"工匠精神不仅体现了对产品精心打造、精工制作的理念和追求，更是要不断吸收最前沿的技术，创造出新成果。

工匠精神代表着一个时代的气质，坚定、踏实、精益求精，其内涵十分丰富。如今，我们正处于一个新的历史时期，时代呼唤我们继承和发扬工匠精神。当今中国的各行各业中，缺少的不是经营者，而是拥有匠人精神的人。今天，讲利益的人越来越多，讲责任的人越来越少；讲权力的越来越多，讲成长的越来越少；讲关系的越来越多，讲原则的越来越少。中国企业要想持续发展，不但企业主要有自律意识，而且必须要培养员工的匠人精神。

我们每个人或难以都成为工匠大师，但人人却都可以成就"工匠精神"。当每个人不仅有追求"工匠精神"的态度、认真与细致的毅力，还能有一种坚持不懈、永无止境的追求，就可以做到最好的自己。当你把单位、集体的事情当作自己的事业来做，将企业当作自己的家，超越平庸，选择完善，全心全意、尽职尽责地工作，做最好的自己，那么，无论你从事什么工作，就一定能在自己的岗位上有所成就。

从现在起，让我们一起传承工匠精神，练就工匠技艺，实践匠人精神，让更多的企业、更多的员工因为匠人精神创造出更多的价值，从而实现企业的持续发展，实现个人的人生价值。

目 录
CONTENTS

第一章 传承工匠精神

—— 做一个匠人，修一颗匠心

自古以来，工匠以炉火纯青、登峰造极的技艺，以一丝不苟、精益求精的工作态度，以孜孜不倦、精雕细琢的职业精神，见证着平凡中的崇高与伟大，谱写了人生辉煌的乐章。高尚的"工匠精神"是任何时代都绝不可缺少的。在当今社会，只有把工匠精神发挥得淋漓尽致，才能拥有竞争的优势，才能具有真正的不可替代性，才能永远在复杂环境下立于不败之地。

追溯和解读"工匠精神"

提到"工匠精神",人们总会想起瑞士手表,德国的机械、电器,日本的保温杯、马桶盖及精密加工……而我们虽然是制造业大国,但在品牌竞争中则与这些国家拉开了差距。据相关报道:截至 2012 年,在中国,创业历史超过 150 年的企业仅有六必居、张小泉、同仁堂、陈李济等 9 家。而寿命超过 200 年的企业,日本有 3146 家,为全球最多,德国有 837 家,荷兰有 222 家,法国有 196 家。为什么这些长寿的企业扎堆出现在这些国家,这是一种偶然吗?它们长寿的秘诀是什么呢?研究者发现他们都在传承着一种精神——工匠精神!

什么是"工匠精神",可以从瑞士制表匠的例子上一窥究竟。瑞士制表商对每一个零件、每一道工序、每一块手表都精心打磨、专心雕琢,他们用心制造产品的态度就是工匠精神的思维和理念。在工匠们的眼里,只有对质量的精益求精、对制造的一丝不苟、对完美的孜孜追求,除此之外,没有其他。

由此我们可以得知，所谓工匠精神，是树立一种对工作的执着，对所做的事情和生产的产品精益求精、精雕细琢的精神。其实质就是现代企业人的信仰及对信仰的坚守。工匠精神体现了一种踏实专注的气质，认真敬业，一丝不苟的态度，不惜一切代价做品质最高的产品，不放过任何一个细节，最终赢得用户的满意，使质量和品质在全行业处于领先地位。

事实上，"工匠精神"并非舶来。纵观中华五千年历史，我们从不缺乏能工巧匠，更不缺工匠精神。早在古代西周时期，就已设立了"百工制度"，古代"中国制造"闻名远近，传统手工制造更是名扬海内外，有些甚至可被称为顶级奢侈品。从两千多年前的鲁班，到隋代的李春，他们都是大师级的工匠。万里长城、故宫建筑、赵州石拱桥、西安大雁塔……这些都是工匠精神的杰作。还有那百年老字号，各地的名优产品，无不是工匠精神的结晶。在我们中华民族的肌体里，早已蕴藏着工匠精神的基因。可以毫不夸张地说，工匠在推动人类文明方面作出了不可磨灭的贡献。历史也证实，高尚的工匠精神是任何时代都不可缺少的，如果忽视工匠精神，那社会的发展和文明的辉煌就难免受挫，同时工匠精神这股有生力量推动人类进步的愿望就不能很好地实现。

《庄子》中记载了一个"庖丁解牛"的故事。

有一个名叫丁的厨师替梁惠王宰牛，他的手所接触的地方，肩所靠着的地方，脚所踩着的地方，膝所顶着的地方，都发出皮骨相离声，刀子刺进去时响声更大，这些声音没有不合乎音律的。它竟然同《桑林》《经首》两首乐曲伴奏的舞蹈节奏合拍。

梁惠王说："嘻！好啊！你的技术怎么会高明到这种程度呢？"

庖丁放下刀子回答说："臣下所探究的是事物的规律，这已经超过了对于宰牛技术的追求。当初我刚开始宰牛的时候，（对于牛体的结构还不了解），无非看见的只是整头的牛。三年之后，（见到的是牛的内部肌理筋骨），再也看不见整头的牛了。现在宰牛的时候，臣下只是用精神去接触牛的身体就可以了，而不必用眼睛去看，就像视觉停止活动了而全凭精神意愿在活动。顺着牛体的肌理结构，劈开筋骨间大的空隙，沿着骨节间的空穴使刀，都是依顺着牛体本来的结构。宰牛的刀从来没有碰过经络相连的地方、紧附在骨头上的肌肉和肌肉聚结的地方，更何况股部的大骨呢？技术高明的厨工每年换一把刀，是因为他们用刀子去割肉。技术一般的厨工每月换一把刀，是因为他们用刀子去砍骨头。现在臣下的这把刀已用了十九年了，宰牛数千头，而刀口却像刚从磨刀石上磨出来的一样。牛身上的骨节是有空隙的，可是刀刃却并不厚，用这样薄的刀刃刺入有空隙的骨节，那么在运转刀刃时一定宽绰而有余地了，因此用了十九年而刀刃仍像刚从磨刀石上磨出来一样。虽然如此，可是每当碰上筋骨交错的地方，我一见那里难以下刀，就十分警觉而小心翼翼，目光集中，动作放慢。刀子轻轻地动一下，哗啦一声骨肉就已经分离，像一堆泥土散落在地上了。我提起刀站着，为这一成功而得意地四下环顾，一副悠然自得、心满意足的样子。拭好了刀把它收藏起来。"

这个故事告诉人们这样一个道理：做任何事要做到心到、神到，就能达到登峰造极、出神入化的境界。

工匠精神不是口号，它存在于每一个人身上、心中。长久以来，正是由于缺乏对精品的坚持、追求和积累，才让我们的个人成才之路崎岖坎坷，组织发展之途充满荆棘。这种缺乏也让持久创新变得异常艰难，更让基业常青成为凤毛麟角，所以，在资源日渐匮乏的后成长时代，重提工匠精神、重塑工匠精神，是生存、发展的必经之路。

近年来，我国许多人追求所谓的"短、平、快"效益，心浮气躁，目光短浅，缺乏一种应有的"工匠精神"和创新精神，忽视了产品品质的提升而导致了"工匠精神"日渐式微。海尔的张瑞敏曾经用铁锤砸毁了70台有瑕疵的冰箱，在他抡锤之前，依旧有人建议：冰箱有点瑕疵，便宜点卖出去吧！这个故事唤醒了海尔人的品质意识，对这个企业有着深远的影响。但显然，张瑞敏的锤子没能砸醒更多的制造企业。拿智能手机为例，苹果的iPhone4在使用了4年之后，依旧能通过翻新的方式来二次售卖；而很多国产手机压根撑不过自己的保修期。可见，一些中国制造在硬件细节、品质标准上都无法与国外优秀企业同日而语。中国制造把消费者当弱势群体，于是，产品质量总是不过关，即便过关，也是那种要求极低的标准。

在制造业，我们仍然缺乏响当当的"中国名片"，其背后所折射的，又恰恰是基础制造业优质技术人才——大国工匠的缺失，制造企业管理中工匠精神的缺失。同时，随着改革开放的深入，在经济体制从计划走向市场的变革中，对人们的价值取向必然产生影响，在职业选择时过多的重视工资、福利待遇和工作环境；此外，现代化进程不断加速，科学技术日新月异，也使得人们坚守和潜心某一职业技能劳动更加不易。这些状况表明中国的工匠精神正在渐渐流失。

在这个浮躁的社会里，在这个缺乏工匠精神的时代，当所有人都浮躁的时候，重提工匠精神，重塑工匠精神，就是要放下功利心、浮躁心、投机心，投入理想和梦想，让做产品不仅仅是一种物质行为，更成为一种实现理想的人文行为。

如今，我们正处于一个新的历史时期，时代呼唤我们继承和发扬工匠精神。这不仅是要我们回归传统，而是要把"工匠精神"深刻地嵌入到"中国制造"的血液中，让"工匠精神"成为推动"中国制造"向"中国质造""中国创造"转型的重要推动力。这当中的道理很简单：无论科技怎样发展，技术怎样进步，追求极致、精益求精的"工匠精神"，一丝不苟、追求完美的手艺信仰，才是中国制造摆脱粗制滥造、山寨质次的根本动能，才是驱动中国制造转型升级的原动力与支撑点。

人类社会经济发展和科技进步都不能没有工匠和工匠精神。工匠精神对于一个企业，乃至一个国家和民族振兴发挥着巨大的作用。优秀的工匠跟杰出的科学家、工程师一样，都是社会的宝贵财富。尊重每一个工匠，以良好的环境催生新时代的工匠精神，中国的企业才会有永久的春天。

工匠精神，源自对生活的极致追求

在我们的传统认知里，"工匠"的地位是很低的。很多人认为，工匠不过是一种机械重复的工作者，其实工匠有着更深远的意思。他（她）代表着一个时代的气质，坚定、踏实、精益求精。

在日本，如果你能被别人称为匠人，就意味着你已经成为行业中的佼佼者，受到社会的极大尊崇。这种社会的认可，让越来越多的日本人几年如一日甚至几十年如一日钻研一个事情，直到将其做到极致。

我一直重复同样的事情以求精进，总是向往能够有所进步，我继续向上，努力达到巅峰，但没人知道巅峰在哪。我依然不认为自己日臻完善，爱自己的工作，一生投身其中。

一旦你选择了一份工作你必须全心投入到工作中，你必须爱自己的工作，不要有怨言，你必须穷尽你所有的智慧来提高你的专业技能，这就是成功的秘诀，也是让人敬重的关键。

以上的话来自小野二郎，现年已91岁高龄的他是全世界年纪最大的三星主厨，在日本国内的地位相当崇高，而"寿司之神"的美称更是传播于全球。他永远以最高标准要求自己和学徒，根据客人的用餐状况微调寿司。从食材的选择、制作到入口瞬间，每个步骤都经过缜密计算，确保客人享受到美味。为了保护制作寿司的双手，不工作时他永远戴着手套，连睡觉也不懈怠。综观小野纯二郎的一生，超过55年的时间，他都在做寿司，因此他对寿司所注入的精神、感情，以及其技巧绝对是世上第一。

这就是工匠精神最纯真的呈现！倾尽心力，只为做一件事，并且将它做好，做出名堂来。

工匠精神，贯注于匠人们精打细磨、精益求精的工作状态。他们心无旁骛、踏踏实实做活儿，在锲而不舍的坚持中熟能生巧，进而匠心独运、追求极致。工匠精神是爱心、责任、严谨共同作用的产物，有爱心，才有无私的奉献和投入；有责任心，才有专注和执着；有严谨，才有一丝不苟，追求完美。

如今，苹果手机、电脑风靡世界，除了得益于创意、创新外，与乔布斯等人精益求精、追求完美的"工匠精神"休戚相关。有人说，苹果就像一间艺术家的工作室，乔布斯则是一名熟练的工匠。的确，不会写代码的乔布斯是一个优秀的工匠，他以一种现代社会罕见的对待产品的态度进行工作。在他身上，有艺人与工匠的心态；这使其产品不是立足于技术，甚至也不是设计，而是在如何追求更完善地满足人的需求。

有一次，乔布斯对电脑的线路板很不满，有点乱，不整齐，不美观。工程师说，用户又看不到，不会在意的。乔布斯说，我会在意。这是怎样一种执拗的工匠精神呢？

乔布斯的"工匠精神"是后工业时代对完美主义和偏执的较早诠释，在理解人性、满足顾客方面，乔布斯远比那些紧跟商学院教科书的同行更执着、更开放。与其"手艺人"心态相符合的另一面，是他坚持把一切封闭在苹果之内，体现出一种前工业时代工场作坊主似的原始心态。

事实上，对于产品的追求是无止境的，它来自于每个细节的打磨和探究，它是基于一种将细节做到极致的欲望，它是对此前的颠覆，需要全身心的投入。

平庸将被淘汰，极致是唯一出路，这是一种工匠精神，是一种把自己逼疯的境界。工匠精神不是因循守旧，它是在传统工艺的基础上不断创造新工艺、新技术的过程，是一种传承与创新的并存。这其中更包含的是技艺，是文化的沉淀与融合，更是浮躁社会所缺乏的一种坚定气质与坚守。

以匠人之心，追求工作的极致

工匠精神是一种认真精神、敬业精神，其核心是：树立起对职业敬畏、对工作执着、对产品负责的态度，极度注重细节，不断追求完美和极致，给客户无可挑剔的体验。将一丝不苟、精益求精的工匠精神融入每一个环节，做出打动人心的一流产品。

贝希斯坦是享誉世界的德国钢琴制造商。成立 162 年来，贝希斯坦始终秉承精益求精的精神来制造钢琴，每一台钢琴都当作艺术品来打磨。

为了保证制琴技师的专业水准，贝希斯坦建立了一套学徒培养制度，2012 年在全球仅招收 2 名学徒，2013 年才开始增至每年 6 名。公司服务部主管、钢琴制作大师维尔纳·阿尔布雷希特说，学徒们需要进行 3 年半的轮岗学习，每个学徒会在每个部门待上 1 周至 1 个月，每个部门都派最优秀的老技师亲自教授钢琴制造技能。

贝希斯坦不仅培养钢琴制作师，还为在全世界出售的钢琴培养服务技工。阿尔布雷希特说："德国的职业培训体系非常独特，许多人都认为贝希斯坦的钢琴制作师培训是最好的。"

严苛的培训机制结合一颗颗赤诚执着的匠人之心，最终成就了贝希斯坦的卓越不凡。

工匠精神强调企业要不断雕琢自己的产品，持续改进工艺，强调精益求精，强调对匠心、精品、完美的坚持和不断追求。工匠精神，重要的不在于工匠的方法；重要的，是一种精神追求，一种持续精雕细琢的、永不满足的、永不妥协的、永远跟自己较劲的、追求完美的态度。管理大师亨利·明茨伯格在其名文《战略手艺化》中有这样一段话："手艺会让人想起传统的技艺、专注以及通过细节的把握做到完美。人们想到更多的不是思考与推理，而是各种原材料水乳交融的感觉，这种感觉来自长期的经验与投入。制定与执行相互交融，形成一个渐进的学习过程，在此过程中，创造性的战略水到渠成。"工匠精神是行动力和执行力交互作用的产物，在年复一年、日复一日的工作中，凝心聚力的操作和实践内化为人的精神。

在美国标准石油公司，曾经有一位叫阿基勃特的小职员。他在出差住旅馆时，总是在自己签名的下方，写上"每桶4美元标准石油"字样，在书信及收据上也不例外，签了名，就一定写上那几个字。他因此被同事叫作"每桶4美元"，而他的真名倒没有人叫了。公司董事长洛克菲勒知道这件事后说："竟有职员如此努力宣扬公司的声誉，我要见见他。"于是邀请阿基勃特共进晚餐。

后来，洛克菲勒卸任，阿基勃特成了公司的第二任董事长。

在签名的时候署上"每桶4美元标准石油"，这本是一件微不足道的小事，严格说来，这件小事还不在阿基勃特工作范围之内。但阿基勃特做了，并坚持把这件小事做到了极致。假如没有对工作充满极大的热情，阿基勃特是不会把这件事做到极致的，更不会取得后来的成就。

工匠精神是一种精神，一种态度。有"工匠精神"的人，不管他是电焊工还是木匠，抑或从事其他职业，他都会将其视作一种信仰，力争做到尽善尽美，绝不会浅尝辄止，更不会敷衍应付。

如今，工匠精神已经超越了"工"本身的范畴，每一个人都应该有工匠精神，而不是某一种职业需要的精神。看看我们身边各行各业中的那些优秀者，他们对待工作的态度，我们就会发现，只有在平凡的生活中注入情操和热爱，才能将这份工作做得更加出色，更加完美。伟大的时代需要伟大的精神，我们每个平凡人要想活得出彩，就必须爱生活，懂生活，赋予生活无限的乐趣。

可以说，各行各业出类拔萃者，都离不开工匠精神。一个拥有工匠精神、推崇工匠精神的国家和民族，必然会少一些浮躁，多一些纯粹，少一些投机取巧，多一些脚踏实地；少一些糟粕伪劣，多一些优品精品，身处其中的我们每一个人，也自然会更安心、更舒心。

　　工匠精神不仅是一种工作态度，它实质上也是一种人生态度，是一种从容的气质和坚定的信仰。对工匠精神的追求，不仅适用于制造业，也能渗透到我们生活的各方面：政府部门、服务业、教育界、文艺创作、科学研究……用心把自己所从事的工作做到最好、做到极致，不正是"工匠精神"的真正内涵吗？

一流的匠人，人品比技术更重要

对任何领域而言，人品是获胜的首要因素。仅有能力无法形成力量，将高尚的道德品质运用到实际行动中才能显出成效。

品德由种种原则和价值观组成，给你的生命赋予了方向、意义和内涵。品德构成你的良知，使你明白事理，而非只根据法律或行为守则去判断是非。正直、诚实、勇敢、公正、慷慨等品德，在我们面临重要抉择之时便成了首要。这也是工匠精神所提倡的。

秋山利辉是日本木工大匠，他所创办的"秋山木工"会社是日本木工行业的圣殿。从日本政府接待各国贵宾的迎宾馆，到日本各大美术馆，每年都会从他那里订购家具，其精美和独具匠心闻名于世。他培养出的后辈中，有 50 名被视为世界一流工匠，活跃在各个国家。

秋山利辉运用的人才培育法门，是日渐式微的学徒制。透过集体生活、师徒传习的教育模式，将品行和技术传授给弟子，培养为人着想、关心他人，以及感恩的情感，他认为

"一流的匠人，人品比技术重要"。

为了让学徒牢记何谓一流匠人，秋山利辉整理出"匠人须知30条法则"的标语，透过反复背诵，让一流匠人的标准渗透到潜意识里。礼仪、感谢、尊敬、关怀、谦虚……这些做人最重要的事，每一条都是貌似简单的基本道理，却能有效地磨炼心性和品格，唤醒每个人体内的一流精神。例如，法则"进入作业场所前，必须成为勤写书信的人"，希望工匠透过自己的文字表达感激之情，更能传达想法；法则"进入作业场所前，必须能够成为拥有自慢的人"，是从为顾客花费的心思、做出的东西，说明重要性；法则"进入作业场所前，必须成为吃饭速度快的人"，因为吃饭也是有方法，要感谢农民和为人们烹煮食物的人，还要养成不浪费、吃什么都津津有味的习惯，这些都会影响工作。

这30条法则貌似简单，却囊括做人处事最基本的态度。但秋山利辉让学生用八年的时间来践行这些法则。秋山利辉认为，如果人品达不到一流，无论掌握了多么高超的技术，也算不得是一流工匠。

人品是一个人真正自我的反映，品德的培养是由内而外的修炼，一旦形成良性循环，就会把我们提升到一个更高的境界。做事不能过于倚重技巧，否则才华就会被蒙蔽，失去品德的后盾，最终成功会难以为继。求助于外力所得到的成功或者解决问题的方法往往经不起考验，做事必须在本质上修炼自己高尚的品德。

哈佛大学教授科尔斯说："品格胜于知识。"一个德商高的人，一定会得到他人的信任和尊敬，也自然会有更多成功的机会。高尚的品德是个人成功最重要的资本，是人最核心的竞争力。具有优秀人品的人，总是会时常从内心爆发出自我积极的力量，使人们了解他、接纳他、帮助他、支持他，使他的事业获得成功，使他受到人们的尊重和敬仰。可以说，好的人品是推动一个人人生不断前进的动力。

在这个缺失工匠精神的年代，我们有太多的优良品质，被物质的洪流所吞噬。在利益的诱惑下，道德都似乎成了纵欲的累赘，于是，有些人索性将其彻底地抛弃，从身体到心灵全方位地堕落和糜烂。但是，品德高尚的人绝不会这样做的，他们守住道德的底线，坚守自己的原则，用自己的精神力量潜移默化的影响着人们的道德观和思想方向。

麦克拉斯博士是美国极负盛名的心脏移植专家。有一次，他所在的医院同时接受了两名需要换脏的病人。一个名叫弗尼斯，是总统的高级顾问；另一个叫坎贝尔，是一个花匠。如果没有合适的心脏替换，两个人将必死无疑。

是否有资格接受心脏移植手术，要对病人进行一系列的常规检查。对两名病人做了相应的检查后，麦克拉斯发现，弗尼斯身体由于受心脏的影响，肾脏和肝脏的受损程度已超过了标准，而坎贝尔的受损程度没有超过标准。肾脏和肝脏的受损程度如果超过一定的标准，就不能进行心脏移植手术。他决定首先通过积极治疗，恢复弗尼斯肾脏和肝脏的功能，以达到心脏移植所规定的要求。

一晃三个月过去了，弗尼斯和坎贝尔离死神越来越近，但还是没有适合他俩的心脏。而最让麦克拉斯感到担忧的是，虽然经过三个月的治疗，弗尼斯肾脏和肝脏功能的损害并没得到多大的恢复。

正当弗尼斯和坎贝尔的生命之火渐渐熄灭的时候，从美国全国心脏服务中心传来消息，在八百英里之外洛基山旁的一个小村庄，有一个年轻人因车祸意外死亡。据送来的资料表明，这个年轻人的身材和弗尼斯与坎贝尔相仿，而且血型也是 O 型。

听到这个消息后，麦克拉斯坐在桌前陷入沉思，他反复翻阅放在他面前的两份病历，谁先做？弗尼斯还是坎贝尔，坎贝尔还是弗尼斯，选择一个就可能给另外一个判了死刑，这太残酷了。他知道如果救活弗尼斯，那会给他们这个医院、他本人带来巨大的好处，毕竟弗尼斯是一个有影响的人物。而坎贝尔是一个花匠，一个无足轻重的人物，即使不治而死，对医院和他本人也没多大影响。但弗尼斯并不符合心脏移植手术的要求，如果给他移植，最多也只能活一年半载的，而另一个可以靠这颗心脏多活十年、二十年的年轻人就必须死去。想到这里，麦克拉斯使劲地摇了摇头，不，不！这是他——一名医生的良心所不容的。怎么办？作为一个心脏移植专家，麦克拉斯素以雷厉风行、大胆果断著称。而这在外人看来非常简单的决定，却难住了麦克拉斯，他正面临严峻的挑战。选择良心，他将失去一切；放弃良心，他将拥有一切。

晚上八点三十分，再有三个半小时，负责运送心脏的医疗小组就要回来了。时间紧迫，麦克拉斯做出了自己的决定，当他把决定告诉院长后，院长高声叫道："你知道你这个决定对这家医院、对国家甚至对你个人的前途会产生什么样的后果吗？"

"我知道，我们已对弗尼斯进行了最好的治疗，可惜他的身体状况并没达到手术的要求。我是一名医生，不是一名政治家，对任何病人我一视同仁，不管他的身份的高低。现在，我的职责就是让极其宝贵的心脏能在病人体内最好地发挥作用，让他们活得更长，所以我选择了坎贝尔。"麦克拉斯直视着院长回答着，字字句句斩钉截铁，掷地有声。"你不能这么做，你简直疯了，你犯了一个大错误。我已经答应白宫了，你叫我怎么向他们解释？"布里奇声嘶力竭地喊起来。

"我会向他们解释一切并承担一切后果，"他拿起话筒，"通知坎贝尔，他明天凌晨一点开始进行手术。"生命之光将在坎贝尔身上重现。

一个月后，弗尼斯那颗疲惫不堪的心脏终于停止了跳动。弗尼斯的死成了一条轰动全国的新闻，医院董事会迅速做出了解雇麦克拉斯的决定。麦克拉斯早就料到会有这样的结局，但他对自己的决定并不后悔。尽管失去了一切，但他却在巨大的压力下，始终坚持住了自己生活和行医的准则：公正和良心。

美国哈佛大学行为学家皮鲁克斯在《做人之本》一书中表明了这样的观点："做人不是一个定下几条要求的问题，而是要从自己的根本开始，把自己变成一个以德为本的人，否则你就绝不会赢得别人的信任，更谈不上成功人生，反而会让人生早晚'塌方'的。"的确，做人必须从"德"字开始，树立有德之人的品牌，这样才能成大事。

人生在世，或由于天资的差别，或由于受教育程度的不同，或由于所处社会地位的限制和职责的规范，办事能力有大有小，这都是不以人的意志为转移的。只要重视德行，有优秀的人品，就是一个值得称道的人，也是一个能够做好自己的事业、前程充满希望的人。

对于一个员工来说，人品一旦成为你的身份，就能使你在职场沉浮中立于不败之地。优秀的人品之所以能够抬高你的身份，是因为它是你的"质量保障"，这一点如同产品的信誉一样。一种商品如果拥有好的信誉，就会常销不败；如果失去良好的信誉，就只会遭遇无人问津的境地。

人才亦是如此。

　　人品决定着人心向背，决定着一个人的社会价值。不管在哪一领域，不管处于何种生存状态，那些具有优秀品质的人，那些具有强烈的责任心的人，那些有着良好信誉的人，才能赢得人们由衷的崇敬和信任，事业的成功才会有坚实的根基。

传承工匠精神，争做一流员工

对企业员工来说，"工匠精神"指的是企业职工对某一项专业技能学到极致、发挥到极致，或是对某个产品精雕细琢、精益求精的钻研精神。"工匠"善于不断改善产品的生产工艺，享受产品在生产中升华的细节过程，对精品有着执着的坚持和强烈的追求。比如把产品的品质从99%提高到99.99%，其利虽微，却能长久造福于企业，对企业的发展意义重大，这就是我们企业所需提倡的"工匠精神"，亦应是企业每位职工永恒的追求。

在当今飞速发展的社会里，公司的每个员工都要始终保持先进性，这样才能胜利完成公司和领导赋予的使命。那么，如何保持先进性呢？简单来说，就是用"工匠精神"高标准要求自己。我们不仅要具有高超的岗位技术专长和精湛的技能表现，成为企业某个重要岗位技术上的拔尖人才，更重要的是要有严谨、细致、专注、负责的工作态度以及对职业的认同感、责任感、荣誉感和使命感。许多一流的员工都常常

第一章 传承工匠精神

23

扪心自问："怎样才能做得更好？"具有这样的问题意识，自然能够了解自己周围所欠缺的、不足的还有很多，这些可能正是公司今后的策略和方法。

一位老板在他的回忆录上写道：

事实上往往有些员工接到指令后就去执行，他需要老板具体而细致地说明每一个项目，完全不去思考任务本身的意义，以及可以发展到什么程度。

我认为这种员工是不会有出息的，因为他们不知道思考能力对于人的发展是多么的重要。

不思进取的人由接到指令的那一刻开始，就感到厌倦，他们不愿动半点脑筋，最好是能像电脑一样，输入了程序就不用思考把工作完成。

所以，不断思考和改进是你必须要做的事。在你对既有工作流程寻求改变以前，必须先努力了解既有的工作流程，以及这样做的原因。然后质疑既有的工作方法，想一想能不能做进一步改善。

一个人成功与否在于他是否做任何事都力求最好，成功者无论从事什么样工作，他都绝不会轻率疏忽。因此，在工作中就应该以最高的标准要求自己，能做到最好，就必须做到最好。这样，对于老板来说，你才是最有价值的员工。

有个刚刚进入公司的年轻人自认为专业能力很强，有一天，他的老板直接交给他一项任务，为一家知名公司做一个广告策划方案。

　　这个年轻人见是老板亲自交代的，不敢怠慢，认认真真地搞了半个月。半个月后，他拿着这个方案，走进了老板的办公室，恭恭敬敬地放在老板的桌子上。谁知，老板看都没看，只说了一句话："这是你能做的最好方案吗？"年轻人一怔，没敢回答，老板轻轻地把方案推给年轻人，年轻人什么也没说拿起方案，走回自己的办公室。

　　年轻人苦思冥想了好几天，再修改后交上，老板还是那句话："这是你能做的最好的方案吗？"年轻人心中忐忑不安，不敢给予肯定的答复，于是老板还是让他拿回去修改。

　　这样反复了四五次，最后一次的时候，年轻人信心百倍地说："是的，我认为这是最好的方案。"老板微笑着说："好，这个方案批准通过。"

　　通过这件事，年轻人明白了一个道理，只有持续不断地改进，工作才能做好。从这以后，在工作中他经常自问："这是我能做的最好的方案吗？"然后再不断进行改善，不久他就成为了公司不可缺少的一员，老板对他的工作非常满意，后来这个年轻人被提为部门主管，他领导的团队业绩一直很好。

　　工作做完了，并不代表不可以再有改进，在满意的成绩中，仍抱着客观的态度找出毛病，发掘未发挥的潜力，创造出最佳业绩，这才是工匠精神的表现。这种竭尽全力、追求完美的工作态度，能创造出最大的价值。

工匠精神不是枯燥机械的、僵硬死板的，而是一种热爱工作的精神，是一种精益求精的态度，它不只是一种付出，更是一种获得。工作当中，完成任务只是最基本的准则，而把事情做好才是老板对每一个员工最核心的要求。我们生活中最让人痛心的人，不是在追求更好的过程中失败的人，而是那些把工作当作任务，在工作中停止自己的追求、满足现状的人。只追求最低工作标准的员工往往连最低标准也达不到。只有那些不断追求做得更好的员工才能树立个人品牌，成为职场中的赢家。

刘岩是一名毫不起眼的理发师，他的理发店也在街角最不起眼的地方，但每天顾客盈门。理由很简单：这里面有一位很好的理发师。他总能把顾客的头发剪出最好的效果。如果能够拥有一个好发型和一份好心情，在路上多花一点时间又有什么关系呢？不仅如此，他的客人还向自己的家人和朋友推荐这家理发店。久而久之，刘岩的理发店名声大振，成为这个城市中首屈一指的理发店。

刘岩对工作的态度近乎偏执。有一次，一个有钱人来店里理发。刘岩告诉对方，剪发大概要用40分钟的时间。对方没有异议。可是，剪到30分钟的时候，这位顾客突然接到一个电话，得马上走。刘岩坚持说：必须把头发剪完才能走，不然的话，会影响到整体的效果。顾客很生气，但是刘岩仍然不肯放他走，并且再三强调要对自己的工作负责。顾客没有办法，只能留在店里把头发剪完。

半年后，那位顾客又来了，他笑眯眯地对刘岩说："上次因为在你这里剪头发而耽误了生意，我曾发誓再也不来这里剪发了。但后来发现其他理发店剪出来的效果都没有这里好。现在，我和我的朋友们只认你这一家理发店。"

一个仅仅满足于60分的人，是不可能达到100分的，甚至连60分也达不到；而一个以100分为目标的人，往往能够拿到最好的成绩。只满足于把事情做对而不思进取的人，会变得越来越做不对；若将目标定为把事情做好并精益求精，则可以获得卓越的业绩。

全心全意、追求完美，正是工匠精神的体现。一个人无论从事何种职业，都应该全心全意、尽职尽责，这不仅是工作的原则，也是生活的原则。拥有工匠精神无论对自己还是对企业，都是一种"双赢"的局面。所以，我们每一位员工都要有信心进行不懈努力和不断地学习进步，成为"工匠"型人才，为铸造"工匠精神"传递正能量，做一个能做事、会做事、做好事，并创造高效劳动价值的一流员工。

第二章 工匠之信仰

——找到职业信仰，让工作更有价值和意义

工匠精神，不仅是一种工作态度，而且是一种接近于信仰的东西，它投射到工作中，会产生一种无穷的喜悦。事实上，如果没有一种精神作支撑，如果没有一种信仰的力量，就难以成就一个人的伟大。在当今的社会中，向来不缺少工匠，而真正缺少的是那些拥有信仰的工匠，是虔诚地将所从事的工作当成一种精神追求的工匠。作为职场人，我们要视工作为信仰和使命，不断修正自己的内心，改变自己的行为。而这一切从爱上你的工作开始。

工匠精神的第一要素：爱上你的工作

无论从事什么行业，我们首先要热爱自己的工作，《论语》中有这样一句话："知之者不如好之者，好之者不如乐之者。"这就明确概括了工匠精神的第一要素。

真正的"工匠精神"，既不会于无聊反复的工作程序中自然天成，也非仅具天才之人才能攀此高峰，唯有"干一行爱一行"的职业追求，方得始终。

乔布斯曾说："工作将占据你生命中相当大的一部分，从事你认为具有非凡意义的工作，方能给你带来真正的满足感。而从事一份伟大工作的唯一方法，就是去热爱这份工作。"这句话不仅提醒人们工作在人生命中的重要意义，更说明工作的伟大，很多时候来自于你是否热爱它。不可否认，现实生活中，你可能很不喜欢你眼下的工作，你从工作中得不到丝毫的乐趣，也毫无创造性可言。但你必须学会爱上自己的工作、以自己的工作为快乐，否则，你很难取得事业的成功。

当一个人真正做到爱上自己的工作，心中就会有潮涌的

第一章
工匠之信仰

激情和坚如磐石的信念，就有对工作的极度狂热，就有"衣带渐宽终不悔，为伊消得人憔悴"的追求和执着。

李敏大学毕业后，在一家小公司做秘书，她的工作非常枯燥和琐碎，每天除了写公文报告、打字，就是做一些端茶倒水打杂跑腿的活。可是李敏非常踏实，她觉得能力不是很强，没有高学历，更没有关系可以依靠，不如踏实做好得之不易的工作。

对秘书工作，李敏没有一点抱怨，她经常和朋友说："高兴也是上一天班，不高兴也是上一天班，只要你想明白，就会开开心心地做那些你不喜欢的事了。"一晃儿，李敏在公司做了3年的秘书工作，她积累了丰富的行政及人事工作的经验。一次偶然的机会，她被一家中型企业挖过去做了办公室主任，后来，企业扩大了，她也升任了人力资源总监。

几年的光景，李敏的事业蒸蒸日上，同事和朋友们都问她成功的经验，得到的答案竟然简单得让人不敢相信，她说："其实我也没有什么捷径，就是你对工作要先'结婚'再'恋爱'，然后发自内心地爱上它，爱到无怨无悔，爱到付出所有。"

是啊，喜欢你已有的工作，全心全意地投入和付出，这与恋爱的态度很相似。你真心地去喜欢、去爱，就会感到幸福，你的生活就会甜蜜，你的事业就会成功。

干一行爱一行是工匠精神的最好体现，是一种优秀的职业品质，是所有的职业人士都应遵从的基本价值观。只有爱上自己的工作，才会全身心地投入到工作中去，因为这样会把工作当成一种享受，这样的精神力量是鼓舞人们认真工作，爱岗敬业的动力，只有爱上自己的工作的员工才能不断提高自己的职业素质，并且在工作中体现自己较高的职业素质，在工作中发挥出自己最大的效率，才会更迅速、更容易地取得成功。

约翰尼是一家连锁超市的打包员，日复一日地重复着几乎不用动脑甚至技巧也不复杂的简单工作。他十分厌倦现在的工作，但是，有一天，他听了一个主题为"干一行爱一行"的演讲，便要通过自己的努力使自己的单调工作变得丰富起来，他让一个朋友教他如何使用计算机，并设计了一个程序，然后，每天晚上回家后，他就开始寻找"每日一得"，输入微机，再打上好多份，在每一份的背面都签上自己的名字。第二天他给顾客打包时，就把这些写着温馨有趣或发人深省的"每日一得"纸条放入买主的购物袋中。

结果，奇迹发生了。一天，连锁店经理到店里去，发现约翰尼的结账台前排队的人比其他结账台多出3倍！经理大声嚷道："多排几队！不要都挤在一个地方！"可是没有人听。顾客们说："我们都排约翰尼的队——我们想要他的'每日一得'。"一个妇女走到经理面前说："我过去一个礼拜来一次商店。可现在我路过就会进来，因为我想要那个'每日一得'。"

一个普通的小职员约翰尼从厌倦自己的工作到将工作做得有意义，这是多么大的转变啊！

人不能在理想和幻想中生活，如果真的找不到自己心仪的工作，就应该明智地接受现实，这就是"不能改变环境，就要改变自己"，适应环境的需要是人生存的本能。山不过来，我就过去！你不去干这一行，又怎么知道自己就一定不会爱上它呢？不论是什么样的岗位、什么样的环境，你身处其中就应该努力地去适应，所谓适者生存！在生存中求发展，为社会作贡献，实现自己的人生价值才是最理智的选择！

干一行爱一行是职业道德中一个最基本、最普遍、最重要的要求。在每一个具体岗位上，不论平凡与否，高低与否，贵贱与否，都应忠于职守，不计得失，兢兢业业，任劳任怨，一丝不苟，具有高度负责的工匠精神和道德意识。我们每个人都有责任、有义务去做好每项工作，这是一种良好的人生态度。

总而言之，全心全意地热爱自己的工作，热爱自己的岗位，即使有荆棘，有羁绊，即使苦些累些，只要"心跟事业一起走"，一定能在追求与付出中体验到奋斗的快乐与慰藉。

一流的匠人是那些不为薪水而工作的人

所谓工匠精神，其核心之一就是：不仅仅把工作当作赚钱养家糊口的工具。为金钱工作，工作只能无味，但为自己工作，工作能给你轻松愉快的心情，而且人们也会更加重视你，仰慕你。因为你的付出带给别人快乐，使别人从中获得利益，也实现了你自己的人生价值。

工作固然是为了生计，但是比生计更可贵的，就是在工作中充分培养自己的能力，发挥自己的才智，做正直而纯正的事情。如果一个人只为薪水而工作，那么这个人是不可能看到工作本身带给他的财富，也不可能意识到从工作中获得的技能和经验对他有怎样的影响。他将自己困在装有薪水的信封里，根本不清楚自己真正需要什么。这种为了薪水而工作的行为是不明智的，它使人往往被短期利益蒙蔽了心智，看不清未来的发展道路，更无法找到人生真正的成就感。

其实，薪水仅仅是工作的报酬方式的一种。工作为了薪水，只是人们最低层次的需要；而每个人都有自我价值实现的渴望和要求。对于职场中人来说，工作是他们实现自我价值的一个很好的途径。为薪水而工作是最没有长远目光的，不是一种明智的人生选择。没有长期的打算，结果受害最深的往往是自己。因而，工作不是仅仅为了薪水，职场中人应该弄清这个道理。

不可否认，现实生活中，很多企业很多人，都把做产品仅仅当成了赚钱的工具，所以显得焦躁、忧郁、惶恐，外表强悍，内心空虚。与之相反，具有工匠精神的人，他们不仅仅是为了赚钱，更是为了实现心中的梦想，所以显得宁静、坚定、踏实、专注，内心强大。爱我所爱，做我所爱，就幸福。一个人所做的工作，应该是他人生态度的表现，是他实现梦想与理想的所在。只有将心底的梦想、人生的理想、内心的信仰，与产品结合在一起，才可能产生工匠精神。所以说，工匠精神是有温度的、人文的、理想主义的、具有浪漫情怀的一种精神。

这是一个炎热夏日的午后，一群工人正在铁路的路基上工作。这时，一辆火车从远处缓缓地开过来，所有工作的人不得不放下工具。火车停下来后，最后一节特别装有空调装备的车厢的窗户忽然打开了。一个友善的声音由里面传出来："杰克，是你吗？"这群人的队长杰克回答说："是的，迈克，能看到你真高兴。"寒暄几句后，杰克就被铁路公司的董事长迈克邀请上去了。这两人经过一个多小时的闲聊后，握手话别。

火车开走后，这群工人立刻包围了杰克，他们都对他居然是铁路公司董事长的朋友而感到惊讶。杰克解释说，20年前他与迈克在同一天开始为铁路公司工作。

有一个工友半开玩笑地问杰克："为什么迈克现在成了董事长，而你却还要在大太阳下工作。"杰克说了一句意味深长的话："20年前我为每小时1.75美元的工资而工作，而迈克却为铁路事业而工作。"

杰克的话形象地说出了造成两个人境遇相差如此遥远的原因：为薪水而工作与为事业而工作，其效果是截然不同的。一个以薪水为奋斗目标的人是无法走出平庸的生活模式的。

一个人如果只为薪水而工作，没有更远大的目标，工作起来也就没有了主动参与的积极性，他将会成为一个不幸的人，受害最深的不是别人，而是他自己。虽然工资应该成为工作目的之一，但是从工作中可以获得更多比工资更重要的东西。当你从事一种职业时，你应该想到，那是你自己的职业，是在为你自己而工作。你将获得了一个深入了解那个职业的详情及接触其中人物的机会，且还能获得与你的前途有很大关系的知识。

有一次，一位年轻有为的日本报社记者去采访著名的企业家松下幸之助。为了这次来之不易的采访机会，年轻人事前做了充足的准备工作。因此，他与松下幸之助先生谈得很

第二章　工匠之信仰

愉快、很投机。采访结束后，松下先生亲切地问年轻人："年轻人，你现在每个月的薪水是多少？""薪水很少，一个月才一万日元。"年轻人不好意思地回答。

"很好！虽然你现在薪水只有一万日元，其实，你知道吗，你的薪水远远不止一万日元。"松下先生微笑着对年轻人说。

这位年轻的记者听后，心里感到有些奇怪：不对呀，明明我每个月的薪水只有一万日元，可松下先生为什么会说不止一万日元呢？

看到年轻人一脸的疑惑，松下先生接着道："小伙子，你要知道，你今天能争取到采访我的机会，明天也就同样能争取到采访其他名人的机会，这就证明你在采访方面有一定的潜力。如果你能多多积累这方面的才能与经验，这就像你在银行存钱一样，钱存进了银行是会生利息的，而你的才能也会在社会的银行里生利息，将来能连本带利地还给你。"

可见，相对于薪水来说，知识、经验和工作的技巧对于一个人的成长更加重要。薪水是对我们现有能力和价值的认可，是我们现有价值的兑现，而能力和经验的积累则可以使我们未来的价值增值。所以，不要刻意考虑你目前薪水的多少，而应珍视工作本身给你创造的价值。要知道，只有你自己才能赋予自己终身受益无穷的黄金。这也正是工匠精神所提倡的。

某大学学府有两个特别优秀的毕业生，他们天资聪慧，才能出众，有着相近的兴趣和爱好。对他们而言，找个有发展潜力的工作肯定是件非常容易的事。毕业时，两个人的导师的朋友正在创办一家小型公司，并委托导师为他物色一个合适的人选。因此，导师建议他这两个学生前去试一试。

　　学生王某先去应聘。应聘回来后，王某打电话对导师说："您的朋友只给1000元的月薪，真是太吝啬了，我才不去他那儿工作呢！我现在已经在另一家月薪2000元的电脑公司开始上班了。"

　　学生李某是后去应聘的，虽然同样是1000元的月薪，尽管李某也同样有能力找到赚更多钱的工作，可是，他却欣然接受了这份工作。当导师得知他的决定时，导师问他："工资这么低，你不觉得太吃亏了吗？"

　　李某是这样回答导师的："当然了，我也想像别人一样赚更多的钱，但您的朋友给我的印象非常深刻，我感觉在他那里肯定能学到一些本领，虽然薪水低点，但也是值得的。我觉得，我在那里工作肯定能更有前途。"

　　几年的时光眨眼间就过去了。王某的月薪由当初2000元涨到了4000元，可李某的月薪却由当初的1000元上升到了10000元，外加年底分红。几年的时间，两人的差别是如此之大。原因何在呢？非常明显的是，当初，王某是被高薪蒙蔽了眼睛，而李某对工作的选择却是从多学习东西的角度出发。

事实证明，只是为了能多挣一些工资而工作，把工作当做解决自己生计问题的一种手段，那就得不偿失了。而如果我们不只为薪水而工作，我们得到的将会更多，而且薪水也会不断上涨。

曾有人说："在初入社会的时候，不要太顾及你的老板所给你的薪水是多少。你不如去想一想你自己还可以从中获得各种可能的好处，如技巧的提高，经验的积累及整个生命的充实等。"的确，工作是一个自我发展的机会，你可以在工作中培养自己多方面的能力，比如行政能力、决策能力、社交能力等，而所有这一切都远远超过了你得到的薪水的价值。如果你只为薪水工作，那么你不仅会在工作上失去很多，而且也会让你的生命失去很多，因为工作有着远比薪水多得多的内涵。

这个世界上大多数人都在为薪水而工作，如果你能不仅仅为薪水而工作，你就超越了芸芸众生，也就迈出了成功的第一步。

寻找工作的乐趣，做快乐的工匠

"工匠精神"是一种热爱工作的职业精神。和普通工人不一样的是，工匠的工作不单是为了谋生，而是为了从中获得快乐。

工匠精神提倡，把自己喜欢的并且乐在其中的事当成使命来做，如此就能发掘出自己特有的能力。其中最重要的是能保持一种积极的态度，即使是辛苦枯燥的工作，也能从中感受到价值，在你完成使命的同时，会发现成功之芽正在萌发。

工作是一个态度问题，是一种发自肺腑的爱，一种对工作的真爱。工作需要热情和行动，工作需要努力和勤奋，工作需要积极主动、自动自发的精神。只有以这样的态度对待工作，我们才可能获得工作所给予的更多奖赏。

三个工匠正在砌一堵墙。有人过来问他们："你们在干什么？"

第一个工匠没好气地说："没看见在砌墙？"

第二个工匠笑笑说："我们在盖一座高楼。"

第三个工匠边干活边哼着小曲，他满面笑容地说："我们正在建设一座新城市。"

同样的工作，同样的环境，却有如此截然不同的感受。从三个人的态度上，我们可以看出：

第一个人，是平庸的工匠。在他的眼里，工作似乎是一种苦役。

第二个人，是中等的工匠。他抱着为薪水而工作的态度，为了工作而工作。

第三个人，是一流的工匠。在他身上，看不到丝毫抱怨和不耐烦的痕迹，相反，他充分享受着工作的乐趣。

十年后，第一个人依然在砌墙；第二个人在办公室画图纸——他成了工程师；第三个人呢，是前两个人的老板。

不同的工作态度，反映了不同的人生境界：抱怨工作和享受工作。那些工作时乐在其中的人总能把压力变成动力，轻而易举地化解工作中的疑惧和担忧，顺利地将成功囊括在自己手中。石油大王洛克菲勒曾说：如果你视工作为一种乐趣，人生就是天堂；如果你视工作为一种义务，人生就是地狱。在天堂与地狱之间，剩下的是默默无为的庸庸碌碌。因为持有不同的工作心态，同样的工作，不同的人却是生活在不同的境界里。

在美国，有一个年轻人取得博士学位后，自愿进入一家制造燃油机的企业担任品检员，薪水比普通工人还低。工作半个月后，他发现该公司生产成本高，产品质量差，于是他便不遗余力地说服公司老板推行改革以占领市场。

身边的同事对他说："老板给你的薪水也不高啊，你为什么要这么卖命啊？"

他笑道："我这样是为我自己工作，我很快乐。"

几个月后，这个年轻人晋升为副总经理，薪水翻了几倍，尤为重要的是这几个月的改革，让企业的利润增加了几千万美元的收入。

托尔斯泰曾经说过："人生的乐趣隐含在工作之中。"如果你在工作中感觉不到快乐，那绝不是工作的错。你如果视工作为享受，那么就会努力地工作，并从中得到快乐，这种快乐会让你更投入于工作，由此形成一种良性循环；而你如果把工作当作一种痛苦的历程，便会心生不满，敷衍了事，最终一事无成。

小李技校一毕业就在一家工厂工作，看到和他一起进厂的同事都得到很好的工作岗位，小李很羡慕，因为他进了全厂最脏最累的一个车间。刚进这个车间的时候，大家都是死气沉沉、没精打采的，因为所有人都认为他们是最不被公司重视的一群人。看到这样的工作环境，小李的心里顿时凉了半截，认为自己真是不走运。每天大家见面也都不打招呼，所有人都是一幅愁眉苦脸的样子。

工作了一个月后，小李实在感觉这样的日子太压抑了。下班后就找朋友去喝酒聊天，当他把心中的郁闷倾吐给朋友的时候，朋友的一句话点醒了他："工作是自己的，快乐也是自己的，为什么要和自己过不去呢？工作本身或许不能带给你快乐，但是你能自己找快乐，快乐和痛苦都源于你自己的内心，为什么和自己过不去呢？"

第二天，小李神采奕奕地走进车间，微笑着和同事们打招呼，他看起来是那么充满朝气和活力，工作的时候，他的嘴里还不时哼着歌曲。

"小李，今天怎么这么高兴？"旁边的同事终于忍不住问他。

"因为我发现我很喜欢这个工作岗位，"小李笑着回答，"工作不能带给咱们乐趣，咱们要自己找乐趣，整天让自己愁眉苦脸的，多对不起自己啊。再说了，咱们做的零件都是要装在汽车上的，想象一下，在路上跑的车里面有咱们的一份功劳，这多有意义啊！"

听了小李的一番话，大家觉得还真是这样，在这个岗位上工作，这是不能改变的事实，如果每天还让自己闷闷不乐，那真是太对不起自己了。

从那天以后，这个车间多了欢声笑语，大家也都不闷头只干自己的活儿了，而是开展一些竞争，看谁车的零件又快又好，看谁的机器擦得亮……

当你努力工作，发掘并享受工作中的乐趣时，你会发现自己的工作是多么有意义。尽心尽力、积极进取，始终不放弃努力，始终保持一种尽善尽美的工作态度，满怀希望和热情地朝着自己的目标而努力，从而获得丰富的经验，同时提升个人的能力。

美国石油大王约翰·洛克菲勒曾说过："除了工作，没有哪项活动能提供如此高度的充实自我、表达自我的机会，也没有哪项活动能提供如此强的个人使命感和一种活着的理由。工作的质量往往决定生活的质量。"从这个意义上来说，工作就是充实自我、表达自我、成就自我，是要用生命去做的事情。

明白了这个道理，并以这样的心态来重新对待我们的工作，工作就不再成为一种负担，即使是最普通的工作也会变得意义非凡。在各种各样的工作中。当我们发现那些需要做的事情——哪怕并不是分内之事时，也就意味着我们发现了超越他人的机会。因为在自动自发地工作的背后，需要你付出的是比别人多得多的智慧、热情、责任、想象力和创造力。

一座小村庄里有一位中年邮差，他从刚满 20 岁起便开始每天往返 50 公里的路程，日复一日将悲欢忧喜的故事送到居民的家中。就这样 20 年一晃而过，物是人非几番变迁，唯独那条从邮局到村庄的道路，从过去到现在，依然如故，始终，没有一枝半叶，触目所及，唯有飞扬的尘土。

"这样荒凉的路还要走多久呢？"

他一想到必须在这无花无树充满尘土的路上，踩着脚踏车度过他的人生时，心中总是有些遗憾。

有一天当他送完信，心事重重准备回去时，刚好经过一家花店。

他走进花店，买了一把野花的种子，并且从第二天开始，带着这些种子撒在往来的路上。

就这样，经过一天，两天，一个月，两个月……他始终持续播撒野花的种子。

没多久，那条已经来回走了20年的荒凉道路，竟开起了许多红、黄各色的小花；夏天开夏天的花，秋天开秋天的花，四季盛开，永不停歇。

种子和花香对村里的人来说，比邮差一辈子送达的任何一封邮件，更令他们开心。

在充满花瓣的道路上吹着口哨、踩着脚踏车的邮差，从此不再是孤独的邮差，也不再是愁苦的邮差了。他的每天都是快乐的。

从这个故事中，我们可以看出，当我们用享受的心态去投入每一天工作的时候，工作就不是一种累赘，而是一种难得的享受。所以，你想要获得工作的乐趣，就必须转变对工作的态度，换一个角度来看待自己的工作。

其实，每一份工作都蕴含着无穷的乐趣，只要你热爱它，并全心全意地去做，就能够找到乐趣，问题的关键是看你如何认识和看待它。事实上，每一份工作，每一个领域都自有挑战与乐趣。当你在工作中尽量去寻找乐趣，带着一种乐观的态度去投入工作的话，相信那种乏味、窒息的工作氛围以及自己的精神状态会大为改观。你不仅会发现自己的工作效率大大提高，你的乐观态度还会影响周围的人。这可以提升自己的工作表现和你在同事与老板心目中的美好形象，非常有利于你事业的进步。

不论你所选择的事业能够为你带来多少财富，只要你用满腔热忱全心投入，那么，你总有一天能够创造出崭新的局面，每天工作的时候也会感到充实快乐。

在工作中体验工匠精神：
让工作成为一种修行

在日常工作中，我们几乎随时都能听到各式各样的抱怨：抱怨工作乏味，抱怨公司的老板苛刻；抱怨工作时间过长，抱怨薪水太低；抱怨分配不公平了，承诺的提成不兑现；抱怨公司管理制度过严……诸如此类的抱怨是不少人的生活写照，他们整天处在一个消极的工作态度中，一种不被重视的不公平感使他们的心中充满了不满、抱怨，甚至愤怒。事实上，他们自己所抱怨的并不是导致他们不顺利的最主要原因。恰恰相反，这种抱怨的行为刚好说明，他们倒霉的处境是自己一手造成的。

有一位女士，最近工作很不顺心，上司给压力，下属又不合作，工作很难开展。一天，她遇到一位老禅师，她向老禅师抱怨工作得很辛苦，她想不如去出家好了，以后不用再面对这些工作上的烦恼。

老禅师对她说："生活不就是修行吗？可知现在对工作

工匠精神
卓越员工的十项修炼

生厌就想出家，如果对出家也生厌了，那又怎样？"

她竟无言以对。

老禅师开导她说："你要明白你在公司的职责，如果生活你也应付不了，去寺院你又应付得了吗？例如寺院生活的清规或刻苦等。你要明白为什么公司要雇佣你，为什么你的上司要赏识你？你的职责就是为公司解决难题，所以你要尽到你的职责，你可以尝试去了解你上司的烦恼，如果你明白，你就懂得处理他现在面对的难题。你觉得很难交给下属去处理工作的情况也一样，譬如你做衣服，你有什么要求，你要清晰地告诉对方。对方明白，才可以按你的要求去做。就是这样你要解释给你的下属知道，要怎么做和为什么要这样做，你给他们方向，他们才明白应如何做。其实生活就是修行，做好工作，完满我们的职责也是一样，如果我们马马虎虎，下次还可以接到新的订单吗？不要一味抱怨上司和下属，只要尽到我们的职责，这就是入世修行的不动心！"

那位女士听完这番话，面上重现喜悦的神色，顶礼而去。

一个人的工作态度决定一个人的工作成就。如果你对工作存在着抱怨、消极和斤斤计较，把工作看成是一种苦役，那么，你对工作的热情、忠诚和创造力就无法被最大限度地激发出来，你要在工作中取得卓越的成就就很难。

世界上没有十全十美的工作，与其抱怨，不如改变心态，命运不会因为抱怨而改变，要想改变自己的命运，首先就是

第一章 工匠之信仰

努力工作，不要抱怨。

可惜的是，在现实的工作中，有些员工只知道抱怨公司，却不反省自己的工作态度，他们根本不知道被公司重用是建立在认真完成工作的基础上的。他们整天应付工作，并发出这样的言论："何必那么认真呢？""说得过去就行了嘛。""现在的工作只是个跳板，那么认真干什么。"结果，他们失去了工作的动力，不能全身心地投入工作，当然，他们也不可能在工作中取得斐然的业绩。最终，聪明反被聪明误，失去了本应属于自己的升迁和加薪机会。

杰克原本是一个很有前途的心理医生，刚刚进入这一行业的时候，他像其他人一样充满了雄心壮志，但是在这个岗位上工作了两年时间后，杰克开始变得愤世嫉俗，他身上的负面情绪甚至比前来咨询的病人还多。他觉得老板给他的薪水过低，觉得老板不重用他，而自己提交的升职报告也一次都没有回复过。

而真实的情况是，老板决定在下半年的集体会议上宣布提升杰克为主治医生一事。然而杰克并没有了解上司对他的期望，也不是兢兢业业地做事，他总是抱怨说："再做下去一点意思也没有了。从早到晚都是面对病人的抱怨，脑袋都要爆炸了，恨不得找个地方躲起来。患者究竟要治疗到何种地步竟然是一群外行在制定标准，他们对治疗一窍不通，但我们却不得不遵守他们的标准。"

天下没有不透风的墙，杰克的这些牢骚很快便传到了老板的耳朵里。老板对杰克的表现感到非常的失望，一直以来老板就对杰克抱有很高的期望——事实上，杰克的情况老板不是没有看到，但是老板认为，杰克过于年轻，需要接受基层业务的扎实训练。但是，当老板听到杰克的抱怨和牢骚之后，老板打消了尽快晋升杰克的想法。当杰克再次得知没有晋升的消息时，杰克彻底地变成了一个典型的工作倦怠者，最终他不得不离开这个职位。

在工作中，总有一些人天天怨气冲天，抱怨这个又抱怨那个，但抱怨并不能给你的工作以任何实质性的帮助或指导，怨气只能阻碍事业发展的阻力。与其不停地抱怨，不如把力气用于行动。将怨气转化为志气，才能成为助推事业发展的动力。在面对坎坷的时候，要将自己的抱怨化为抱负，以重新来过的志气和勇气，一定能获得成功。

袁华是一家外贸公司新来的绩效主管，一进到公司就开始着手准备进行整个公司的年终绩效考核，可是他发现这家公司成立这么久了居然没有一个明确的绩效考核方案，于是他就找到人力资源经理大发牢骚："这绩效没法考核，连一个成文的考核方案都没有，让我怎么考？算了，以前怎么样这次还一样吧。"

刚好总经理这时也走进人力资源经理办公室，袁华见了，对自己刚才的放肆不免有些后悔。

总经理听了并没有发火，而是心平气和地说："一味抱怨而不思解决，对于工作将无任何进展。而如果停止抱怨，与同事们共同解决问题，你就会有新的体会。小伙子，这个任务就交给你了。三天后，你能不能制订出一个方案呢？"

袁华忙回答："能，能，我一定尽力而为！"

当即，袁华在人力资源经理等人的协同帮助下忙开了，第二天一个方案就制订出来了。

总经理看过方案后非常满意，不过，他依旧和颜悦色地问道："袁华，现在还想不想发牢骚呢？"

袁华若有所悟地笑了起来。

唯有用实力才能证明自己的价值，去抱怨别人、抱怨环境又有什么作用？与其怨天尤人，不如立志实干，将自己的怨气转化为提升工作的动力，相信你一定会取得你所期待的成功！

不抱怨是一种工作态度，不抱怨是一种境界，心中没有抱怨，眼中便没有困难。一个不抱怨工作的人，会把工作中任何一件琐碎和不起眼的小事当成他成长与锻炼自己的机会，全身心地投入到工作上来，为更好地完成工作而努力。如果把抱怨变成积极的行动，你便会发现，成功正离你越来越近！

从现在起，停止抱怨，努力工作，世界将会更美好。只有不抱怨工作的人，才是工作的主人，只有不抱怨工作的员工，才是最优秀的员工。

平凡成就工匠精神：
让平凡的工作绽放光彩

　　工匠们从事着最普通、最平凡的工作，但他们以高超的技艺、精湛的技术、敬业的品德和灵巧的双手，在平凡的岗位上做出了不平凡的业绩。他们在自己平凡的岗位上雕琢自己心中伟大的梦想，以默默无闻、波澜不惊的"技术奉献"和特有的"匠心"，书写着劳动者的品质，用他们的精巧绝技诠释着工匠的精神内涵——没有卑微的工作，只有卑微的工作态度。

　　的确，任何一种工作都有它存在的价值，工作没有高低贵贱之分，每一份工作都值得我们全力以赴做到最好。倘若你将工作分为高尚与卑微，那么，你的态度在起点上就出了差错，平庸也就在这一瞬间被注定。

　　平凡的是工作岗位，平庸的是工作态度。无论你从事的工作多么琐碎，都不要看不起它。所有正当合法的工作都是值得尊敬的。只要你诚实地劳动，没有人能够贬低你的价值，关键在于你如何看待自己的工作。

维斯康公司是美国20世纪80年代最为著名的机械制造公司。詹森和许多人一样，在该公司每年一次的用人招聘会上被拒了。但是他并不灰心，发誓一定要进入这家公司工作。

于是，他假装自己一无所长，找到公司人事部，提出为该公司无偿提供劳动力，请求公司分派给他任何工作，他将不计任何报酬来完成。公司起初觉得简直不可思议，但考虑到不用任何花费，也用不着操心，便分派他去打扫车间的废铁屑。

在整整一年时间里，詹森勤勤恳恳地重复着这项既简单又劳累的工作。为了糊口，下班后他还得去酒吧打工。尽管他得到了老板及工人的一致好感，但仍然没有一个人提到录用他的问题。

1990年初，公司的许多订单纷纷被退回，理由均是产品质量问题，为此公司将蒙受巨大的损失。公司董事会为了挽救颓势，紧急召开会议，寻找解决方案。当会议进行了一大半还不见眉目时，詹森闯入会议室，提出要见总经理。在会上，他就该问题出现的原因作了令人信服的解释，并且就工程技术上的问题提出了自己的看法，随后拿出了自己的产品改造设计图。这个设计非常先进，既恰到好处地保留了原来的优点，又克服了已经出现的弊病。

总经理及董事觉得这个编外清洁工很是精明在行，便询问他的背景及现状。于是，詹森当着高层决策者的面，将自己的意图和盘托出。之后经董事会举手表决，詹森当即被聘为公司负责生产技术问题的副总经理。

原来，詹森利用清扫工到处走动的特点，细心察看了整个公司各部门的生产情况，并一一详细记录，发现了所存在的技术问题并想出了解决的办法。他花了一年时间搞设计，做了大量的统计数据，终于完成了科学实用的产品改造设计图。

詹森并没有因为自己是一名编外清洁工就"糊弄"自己的工作，相反，他知道自己在为公司工作的同时，也是在为自己的未来工作。因此，他把自己平凡的工作当成了一个宝贵的学习机会，在平凡的工作岗位中为自己的未来创造了成功的契机。

从上面的故事可以看出，工作可以平凡，但可以超越平庸。卓越的人，能够在平凡中超越平庸。在平凡中积蓄伟大的力量，总有一天迈向卓越。

超越和进取是一种拒绝平庸的生活态度，也是一份挑战自我的人生宣言。托尔斯泰说过："我劝所有的人都要想到自己的翅膀，要向上高飞。"

辉煌的人生就是一个不断超越自我、超越平凡的过程。一个人不可能从生下来就与众不同，而是在于后天的积极努力和自我升级。

源太郎原本是在化学工厂工作，因为公司倒闭而失业。一个偶然的机会，他从一位美国军官那里，学会了擦鞋的技巧，而且还迷上了这项工作。

每当他听说哪里有好的擦鞋匠，他都会跑去请教，并虚心学习。

日子一天天地过去，源太郎的技术也越来越精湛，他的擦鞋技巧独树一帜，不用鞋刷，而用木棉布擦拭，鞋油也是他自行调制的。

那些早已失去光泽的旧皮鞋，经他用心擦拭之后，无不焕然一新，而且光泽持久，每双鞋至少都能保持一周以上。

观察入微的源太郎，也训练出特殊的功力，每当他与人们擦肩而过时，就能知道对方穿的鞋种；又从鞋子的磨损部位和程度，便能说出这个人的健康与生活习惯。

如此精湛的技艺，源太郎让东京的一家四星级饭店相中，他们请源太郎到饭店，专职为饭店里的顾客擦鞋。

自从源太郎来到饭店之后，许多名人来到东京，全都指定要住这间饭店，而他们最重要的原因，正是为了让他们的好鞋能有"五星级的服务"。

当他们脚下踩着修整后焕然一新的皮鞋时，心目中也记下了"源太郎"的名字与他服务的地方。

随着时间的前进，源太郎的"擦鞋"工作也累积出了名声，甚至还有国外的顾客，来到日本指定要找源太郎擦鞋。

即使是"擦鞋"的工作，也有人把它当作艺术来做，全身心地投入进去。看一个人是否能做好事情，只要看他对待工作的态度。那些看不起自己工作的人，往往是一些被动适应生活的人，他们不愿意奋力崛起，努力创造自己的生活，他们实际上是人生的懦夫。

"匠人精神"，其最本质特点就是把平凡的事情都做到最好。工作中，我们要秉承这样一个信念：我们是通往伟大道路上平凡的奋斗者，我们在努力创造平凡生命中的不平凡。我们每个人都应该把自己看成是一名杰出的艺术家，而不是一个平庸的工匠，应该永远带着热情和信心去工作。这样，即使再平凡的人也会做出不平凡的事来。

在美国，有一位叫麦克迪的普通邮差，他每天都做着跟其他邮差相同的事情，但他得到了跟其他邮差不同的人生，他的故事是这样的：

在演说家桑迪尔先生搬入新家后，有人来敲门拜访，这个人正是邮差麦克迪。麦克迪是特地来向桑迪尔先生搬入新家表示欢迎的，而且还作了自我介绍，麦克迪给桑迪尔先生的感觉是，虽然他外貌平凡，却能感受到他内心的真诚和热情的心。所以，桑迪尔先生也礼貌地作了自我介绍，他说自己是一个职业演说家，麦克迪一听了立即问到，那您是否需要经常出门到外面旅行演讲呢？桑迪尔先生回答说："的确是这样的，我一年有一半以上的日子是在外地度过。"麦克迪在听了桑迪尔先生的回答后说："那您不在家的时候，可以把您的信件暂时交给我来保管，等到您回家的时候，我再送过来。"桑迪尔先生听了之后非常的惊讶，并说道："没必要这么麻烦，请把信件放入信箱中即可，我回家后再取也一样的。"麦克迪这样回答说："我是担心小偷看到您的邮箱有过多的信件，会判断您不在家，这样对您的居家安全可能产生不良影响，不如这样，只要邮箱的盖子还能盖上，我就把信件投入，而塞不进信箱的邮件，我会将它藏在您的门外。"

过了一段时间桑迪尔先生去外地出差了。在他回来的时候，果真发现信箱内跟门边排列了一些被整理过的邮件，桑迪尔先生对于麦克迪的专业与贴心，感到非常激动。之后，桑迪尔先生就在各地的演讲场合中，都将麦克迪的事迹跟听众分享，最终得到了一个相当好的效果，听众们对麦克迪的行为非常认可。

只要每天用心多一点儿，就可以在平凡的事业中做出不平凡的成绩，就可以成长为不平凡的人。能把平凡的事情做得不平凡，就是我们梦想中期待的成功。

无论你正在从事什么样的工作，要想获得成功，就不要轻视自己的工作。如果你认为自己的劳动是卑贱的，鄙视、厌恶自己的工作，对它投注"冷淡"的目光，那么，即使你正从事最不平凡的工作，你也不会有所成就。

任何平凡的人在最平凡的工作中都能作出不平凡的突破。全情投入工作，视平凡的工作为毕生的事业，充分焕发热情，你就会感受人生充满热忱时的喜悦，由此你也会享受到人生中梦想成真的幸福。

明确目标，把梦想当作信仰

目标和方向是启明星，是引路人。如果没有目标和方向，所有的生活和工作将失去意义。工匠的目标是打造本行业最优质的产品、其他同行无法匹敌的卓越产品，为了实现这一目标，他们对工作一丝不苟、精益求精，创造出了无数奇迹。由此可以看出，目标是工作和奋斗的方向，也是对自己的一种鞭策。有了目标，在工作中才会有热情、有积极性、有使命感和成就感，才能最大限度地发挥自己的优势，调动沉睡在心中的那些优异、独特的品质，成就非凡的事业。

其实，无论从事什么工作，明确自己的目标和方向都是非常必要的。只有对自己的工作有个恰如其分的设计，知道你的目标是什么、你到底想做什么之后，你才能够达到自己的目的，你的梦想才会变成现实。

没有明确的目标，就如同大海中的船舶失去了灯塔的指引，永远无法靠岸。而明确自己的目标，则能找到方向，为工作和生活带来奇迹，找到执行的动力。

曾有一个青年人因为工作问题跑来找拿破仑·希尔，这个青年人眉清目秀、举止大方，聪明伶俐，大学毕业已经4年，尚未结婚。

他们先谈青年人目前的工作、受过的教育、背景和对工作的态度，接着拿破仑·希尔对青年人说："你找我帮你换工作，你喜欢哪一种工作呢？"

青年人说："这正是我来找你的目的，也是我一直所苦恼的事情，我真的不知道自己想要干什么？"

拿破仑·希尔又问道："让我们从这个角度看看你的计划，10年以后你希望怎样呢？"

青年人想了想："我期待我的工作和别人一样，待遇优厚并且有能力买一栋房子和一辆汽车。当然，我还没有深入思考过这个问题呢。"

拿破仑·希尔继续解释道："那是很自然的，你现在的情形就好比跑到火车站的售票处说'给我一张火车票一样'。除非你说出你的目的地，否则售票员没办法卖给你车票。只有我知道你的目标，才能帮你找工作。换而言之，你自己确定了自己的目标了吗？"

青年人陷入了沉思之中。拿破仑·希尔也确信，青年人已经学到了人生最关键的一课，那就是：你出发之前，一定要有明确的目标。

一位名人曾经说过："无目标的生活，犹如没有罗盘而航行。"当一个人不知道他下一步要干什么的时候，他是颓废的。所以说，目标是我们执行的指南，做任何事情都要有明确的目标。

人生不能没有目标，没有目标的人生是不完整的人生，也是毫无意义的人生。没有人天生就注定成功，但是没有目标的人生将注定失败。那些各行各业有所成就的人无不拥有坚定的理想和目标。而那些没有目标的人无论在学习还是工作中，都是走到哪里说哪里，当一天和尚撞一天钟，这些人大都过得不如意，经常面临失业的危险。而且他们喜欢抱怨，抱怨社会和世界的不公，却无力改变什么，他们就这样碌碌无为地度过了自己的一生。

哲学家爱默生曾说过："当一个人知道他的目标去向，这个世界是会为他开路的。"的确，在工作中，给自己一个奋斗目标，把它们深藏于心，每天不断地提醒自己目标一定会实现的，并且为了这个目标，制定一个详细而周全的计划，不是地检验计划的执行情况，你就一定能够如愿以偿。

有这样一位保险推销员，他一直都希望能跻身于最高业绩的行列中。但是一开始这只不过是他的一个愿望，从没真正去争取过。直到3年后的一天，他想起了一句话："如果让目标和愿望更加明确，就会有实现的一天。"

于是，他就开始设定自己希望的总业绩，然后再逐渐增加，这里提高 5%，那里提高 10%，结果顾客却增加了 20%，甚至更高。这激发了这位保险推销员的工作热情。从此他不论什么状况，任何交易都会设立一个明确的数字作为目标，并在一两个月内完成。

"我觉得，目标越是明确越感到自己对达成目标有股强烈的自信与决心。"他说。他的计划里包括"我想得到的地位、我想得到的收入、我想具有的能力"，然后，他把所有的访问都准备得充分完善，相关的业界知识加之多方面的努力积累，终于在第一年的年终，使自己的业绩打破了空前的纪录，以后的年头效果更佳。

最后，这位保险推销员做了一个结论："以前，我不是不曾考虑过要扩展业绩、提升自己的工作能力。但是因为我从来只是想想而已，不曾付诸行动，当然所有的愿望都落空了。自从我明确设立了目标，以及为了切实实现目标而设定具体的数字和期限后，我才真正感觉到，强大的推动力正在鞭策我去达成它。"

目标的力量是无穷的，它是鼓舞我们努力前进的方向和动力。如果你想获得事业上的成功，你就必须要先有一个明确的目标。有了目标，有了指引前进方向的"指南针"，你的工作就会变得有目的，有追求，一切似乎清晰、明朗地摆在你的面前。什么是应该去做的，什么是不应该去做的，为什么而做，为谁而做，所有的问题都是你那么明显而清晰。总之一句话，只有明确的行动目标才会有为之奋斗的不竭动力。

目标对人的激励作用是巨大的，但是光有目标还是远远不够的，要想实现目标，就必须付诸行动，只有这样才可能获得成功。

王志远现在是一家外贸公司的总经理，他说自己的成功之路也并不是一帆风顺的。刚从大学毕业出来时，他来到这家公司实习，每天干的都是公司琐碎的事情，好像没人会在意自己，但凭着"踏踏实实做事，老老实实做人"的做人原则以及积极进取的工作态度，他赢得了公司领导人的信任和认同，并被不断委以重任。在短短几年时间里，他从一个实习生一路升经理助理、公司部门主管、部门经理，一直到现在的总经理。

在王志远看来，他今天之所以能走到总经理这个位置上，完全是由于自己对理想目标不断追求的结果。他认为，一个人要有目标不难，难的是对理想目标的不懈坚持。常人由于经常朝三暮四、见异思迁，因而常常达不到理想的彼岸，而他自参加工作起就认准了一条路，并坚持走下去，所以，在经过这么多年的努力后，他获得了成功。

一位哲人曾经说过：成功源自锲而不舍的追求。为了目标的实现，就必须要勇敢地面对任何挑战，坚持自己的梦想，直到有一天梦想成真。

目标赋予了我们生命的意义和目的，但是目标的实现需要坚持不懈的努力，因此当我们确立目标之后，最重要的一点是要坚持走下去，即使最后结果不能令人满意，我们也不会感到遗憾。

第三章 工匠之勤奋

—— 践行工匠精神，用辛勤的汗水浇筑工匠的丰碑

"工匠精神"不是靠嘴说出来的，而是通过勤奋努力干出来的。只有勤奋努力，才能摆脱心浮气躁、急功近利、急于求成、患得患失等不良心态；只有勤奋努力，才能不断发现自己的不足和差距。作为职场人，我们要学习这种工匠精神，立足本职工作，低姿态高标准，严格要求。每天比他人多做一点点，让自己更优秀。勤勤恳恳，永不懈怠，因为勤能补拙，功到自然成。

勤奋苦干，为工匠赢得尊严和成就

勤奋是工匠的特质，也是工匠精神的核心之一。这是一代又一代的工匠们用实干铸就的伟大精神，激励着我们去弘扬升华。

"业精于勤，荒于嬉"，机会总是垂青于那些勤奋努力、早有准备的人。如果一味懒惰，不思进取，即使机会来临也会失之交臂，任何目标和梦想也终是水中月、镜中花。

有人问寺院里的一位大师："为什么念佛要敲木鱼？"

大师说："名为敲鱼，实则敲人。"

"为什么不敲鸡呀，羊呀，偏偏敲鱼呢？"

大师笑着说："鱼儿是世间最勤快的动物，整日睁着眼，四处游动。这么至勤的鱼儿尚且要时时敲打，何况懒惰的人呢？"

故事虽然浅显，道理却至为深刻。

勤奋是一所高贵的学校，所有想有所成就的人都必须进入其中，在那里可以学到有用的知识、独立的精神和坚忍不

第三章　工匠之勤奋

拔的品质。事实上，勤奋本身就是财富，假如你是一个勤劳、肯干而又刻苦的人，就能像蜜蜂一样，采的花越多，酿的蜜也就越多，你享受到的甜美也越多。

古罗马有两座圣殿：一座是勤奋的圣殿，另一座是荣誉的圣殿。他们在安排座位时有一个次序，就是必须经过前者才能达到后者。那些试图绕过勤奋，寻找荣誉的人，总是被荣誉拒之门外。勤奋是通往荣誉的必经之路。

常言道："一分耕耘，一分收获。"只有有了辛勤的劳动，才会有丰硕的成果，不劳而获的事情从来就是不存在的。勤奋工作既是一种能力和克己的训练，也是创造辉煌成就的前提。只有在工作当中勤奋努力、发愤图强，才会激发内在的激情热爱自己的工作，对待工作可以废寝忘食、乐在其中。只有那些勤奋努力、做事敏捷、反应迅速的人，只有充满热忱、富有思想的人，才能把自己的事业带入成功的轨道。不管什么时代，勤奋的人永远备受尊重。勤奋是永不过时的精神，是自强不息的表现，终会有所成就。所以说，勤奋努力的精神永不过时，勤奋依然是每一个成功者的不二法门。

船王包玉刚在美国哈佛大学商学院演讲时说："成功并无捷径，要成为信誉良好的企业家，就要勤奋苦干，有想象力，善用经验。还有我承认要有一点精明稳健经营的头脑。"

包玉刚没有接受过高等教育，但他干一行、学一行、钻一行，兢兢业业，持之以恒。从银行业到贸易业，从航运业到地产业，他都下功夫钻研，力求精通。他刻苦自学英语几十年如一日，用英语交谈已能应答自如，在各地旅行时可以不带翻译和秘书。当他来香港从事航运业时，他对海运业务一窍不通，于是，他派人到伦敦买了一批有关租船和海运财务的基础书籍，以及如何经营货船的手册，用这些新的知识武装自己的头脑。他一心扑在油轮和货轮上，监督着经营业务的各个部门。

在工作上，包玉刚事必躬亲，自律严谨，全力以赴。每当他向主管部门提出一个问题后，他都要立即得到答复。他认为，主持事业的人如果对工作中的主要细节不了解不检查，就可能带来危险。他经营航运业的早期，船只不管在何处出了毛病，只要时间许可，他都要赶赴现场亲自处理，直到问题彻底解决方才离去。后来船队扩大了，但环球航运集团采取任何一项重要决定，购进任何一条新船，录用任何一位重要人员，他仍要亲自过问。造新船时，他除派去经验丰富的验船师，并及时听取质量进度汇报外，一般还要亲自登船查看。因此，每次出席下水或交船仪式，他都能说出这条船各主要问题的细节。

泰国盘谷银行总裁陈弼臣也以工作勤奋著称。他的长子——香港亚洲金融集团主席陈有庆回忆当年的情景时说："父亲做事干劲冲天。盘谷银行创业之初，每天早上7时上班，一直干到晚上十一二时，每周工作7天，完全没有假期，

第三章 工匠之勤奋

终于在同行中冒出头来。"

电脑大王王安博士的一生极富传奇色彩。1986年10月，美国一家出版社出版了王安自传《教训》一书。在这本反映他的人生哲学的自传中，透露了他的企业管理哲学。他说：利用常识，辛勤努力和适应潮流，是他事业成功的三大因素。

王安是个不知疲倦的工作狂。1989年，他已经69岁了，仍然每天工作10小时。上午8时30分到达办公室，下午6时下班。当时王安电脑公司马萨诸塞州罗威尔市总部的一名行政人员说："他通常在晚上6时走进我的办公室，询问一些事情，提出一些意见。翌日上午8时再到我的办公室来，询问处理有关事情的办法。"王安的夫人邱文蔼说："王安几乎时刻把心思放在工作上，随便什么时候都会拿出一张纸来，在上面划来划去。他一直都自己做笔记。有时在饭馆里吃饭，他会在餐巾上画些什么。我们在街上散步时，他也是纸笔不离身。"

从以上案例可看出，不管你现在所从事的是怎样一种工作，只要你勤勤恳恳地努力工作，你就是成功的，就是令老板认可的。因为唯有勤奋工作才能获得更进一步的提升。

台湾美发业的领头羊——曼都公司董事长赖孝义在一次对青年们的演讲时说："要做出不平凡的业绩，勤奋、认真是最基本的功夫。而且一定要在工作上花比别人更多的时间，尤其是在给别人打工时。只有这样做，你才能为自己争取到更多的成功机会。"勤奋是一个人成功的重要条件，是提高素质和培养能力不可缺少的重要方面。对于一个员工来说，要想在工作上有所作为，就必须具备勤奋的品质。因为，只有勤奋，才能从平凡走向优秀。一个不勤奋的员工，就绝不是一个优秀的员工，成功也与他无缘

勤奋不仅是一种对待工作的态度，而且也是一种对自己负责任的表现。要想在人才辈出的时代里走出一条完美的职业轨迹，唯有依靠勤奋工作的精神去激励自己不断地进取，才能够实现人生的梦想，我们必须清楚，是否勤奋努力与时代、与行业、与岗位都没有太大的关系，勤奋努力的工作精神更不会过时，越在当今激烈竞争的时代，越是人才辈出、精英聚集的单位，越需要这种勤奋努力、拼搏进取的精神。

齐瓦勃是美国伯利恒钢铁公司的创始人，他出生于美国乡村，只受过短暂的教育。15岁那年，因为家里穷，他就到一个山村做了马夫。然而雄心勃勃的齐瓦勃无时无刻不在寻找着发展的机遇。3年后，齐瓦勃来到钢铁大王卡耐基所属的一个建筑工地打工。一踏进建筑工地，齐瓦勃就表现出了高度的自我规划和自我管理的能力。当其他人都在抱怨工作辛苦、薪水低并因此而怠工的时候，齐瓦勃却一丝不苟地工作着，并且为着以后的发展而自学建筑知识。

一天晚上，同伴们都在闲聊，唯独齐瓦勃躲在角落里看书。那天恰巧公司经理到工地检查工作，经理看了看齐瓦勃

手中的书，又翻了翻他的笔记本，什么也没说就走了。第二天，公司经理把齐瓦勃叫到办公室，问："你学那些东西干什么？"齐瓦勃说："我想，我们公司并不缺少打工者，缺少的是既有工作经验又有专业知识的技术人员或管理者，对吗？"不久，齐瓦勃就被升任为技师。打工者中，有些人讽刺挖苦齐瓦勃，他回答说："我不光是在为老板打工，更不单纯是为了赚钱，我是在为自己的梦想打工，为自己的远大前途打工。我们只能在认认真真的工作中不断提升自己。我要使自己工作所产生的价值，远远超过所得的薪水，只有这样我才能得到重用，才能获得发展的机遇。"

抱着这样的信念，齐瓦勃一步步升到了总工程师的职位上。25岁那年，齐瓦勃做了这家建筑公司的总经理。后来，齐瓦勃终于建立了属于自己的伯利恒钢铁公司，并创下了非凡的业绩，真正完成了从一个打工者到创业者的飞跃。

勤奋是我们做好事情、达成目标的根本。事实上，任何领域中的优秀人士之所以拥有强大的执行力，能高效地完成任务，就是因为他们勤奋，他们所付出的艰辛要比一般人多得多。

任何一个企业，都喜欢用勤奋努力的员工。一位经理在描述自己心目中理想员工时说："我们所亟需的人才，是意志坚定、勤奋努力、有奋斗进取精神的人。我发现，最能干的大体都是那些天资一般、没有受过高深教育的人，他们拥有勤奋不懈的做事态度和永远进取的工作精神。做事勤奋的人获得成功的概率大约占到九成，剩下一成的成功者靠的是天资过人。"

当今社会充满机遇，更充满挑战，要想让自己抓住机遇脱颖而出，就必须要求自己付出比其他人更多的勤奋和努力，才能够达到理想的愿望。因此，不管你现在从事什么样的职业，身居何位，都要发扬工匠精神，牢记勤奋这一传统美德，勤奋地做人，勤奋地做事，勤奋地学习和积累——唯有勤奋者才能成就不平凡的业绩。

每天比别人多做一点点

每天多做一点是工匠精神所提倡的，也是自我增值之道。工作中，只要你每天多做一点点，每一天都是一个阶梯，每天都有新的进步。每天多做一点点，日积月累，相信你终会达上成功的阶梯，摘取满意的成果。

赵鹏初中毕业后，由于家境贫穷，只能出来打工。初到深圳，一无文凭，二没关系，三缺手艺的他，无所凭借，于是只能栖居在沙头角的铁皮房中。经过认真反复的思考和了解，赵鹏决定去卖菜。

卖菜成本低，几百元就可以周转，只是每天都得起早摸黑，又脏又累。

卖菜的过程中，赵鹏一直留心观察身边的事情。他发现，做豆腐是门手艺，不像卖菜，谁都可以干。于是他马上向做豆腐的师傅学习，以更勤奋的工作获得对方信任，最后还和做豆腐的人合作，卖起了豆腐。

豆腐在菜场中零卖销量有限，赵鹏经过观察发现，豆腐卖给食堂这样的大客户更有利润。于是接下来他便开始给食堂送货。别人送豆腐送到货收了钱就走，赵鹏则不同，他每送一处，只要人家正在做饭，他一定把豆腐切好，下到锅里。就因为多做了这一点小事，赵鹏的人生出现了第一次转机。

有一天赵鹏为沙头角一个上千人的大公司食堂送豆腐，恰巧该公司的行政部经理正在食堂检查工作，看见赵鹏帮着切豆腐，询问怎么回事。员工说他每次都这样做。行政经理当即说，你也不用再卖豆腐了，到公司来上班，我们正缺一名保安。

这个岗位的职责也就是坐在公司门口，监督工人上下班打卡，保证公司财物安全。在这个岗位上，赵鹏又做了别的保安从未做过的事——将公司门口打扫得干干净净，连打卡机的卡架都擦得没有一丝灰尘，赵鹏一干就是一年多。一年之后，他的人生又出现了第二个转机。

这家公司进军商界，开设连锁超市，需抽调老员工去从事经营管理工作。赵鹏勤勉负责的工作态度和积极主动的工作作风，使老板不加考虑地就把他选上了，让他负责超市糖果蜜饯的财务管理。

赵鹏自从得到这份差事以后，非常珍惜它，他克服了自己文化水平低的困难，将业务账目梳理得井井有条，无论供货有多少品种，销退、结账、保质期，他都在账上反映得清清楚楚，使进出货办得极有效率。此外，他又比别的同事多做了一件事：每次货物进出，他必亲临现场查验，不只是等仓库报单据。而客户结算退货他也都一帮到底，装卸搬运、填单制据。

于是，顺理成章地赵鹏的第三次转机又出现了。赵鹏的细致严谨，被一位供货的台湾商人看在眼里，记在心上，这位老板决定聘请他专门打理其大陆批发业务，作为其在大陆业务的拓展负责人。

经历几番转机的直线上升之后，赵鹏已经今非昔比了，成为身价数百万，拥有数辆货柜车，每月批发几个集装箱进口蜜饯的独立批发商。不过，尽管已是老板，他仍旧坚持这个使他人生得到转变的原则——比别人多做一点，还是起早贪黑，比员工做得还多。

实践证明，成功的最短途径是勤奋。每天多做一点点，每天多一点努力，会最大限度地发挥出你的天赋。多一点努力，便多一些成功的机会。

著名的投资专家约翰·坦普尔顿提出了一个很重要的"多一盎司定律"。他指出，那些取得突出成就的人与取得中等成就的人几乎做了同样多的工作，他们之所以能够成功，其实作出的努力差别很小，仅仅只是"多一盎司"而已。但正是这多投入的一点点，让他们取得了突出的成就。

每天比别人多做一点，可以产生一种意想不到的结果，可以让你时刻保持昂扬斗志，在工作中不断地激发自己、充

工匠精神
卓越员工的十项修炼

实自己。多做一点，也许会占用你的时间，但是，你的工作会获得很大的不同，因为你会比别人积累更多的东西，如经验、技能、工作效率等。同时，你的行为也会使你赢得别人的赏识。不要小瞧自己比别人多付出的那一点，它也许就会改变你的命运。

一个星期六的下午，一位律师走进张立军的办公室问他，哪儿能找到一位速记员来帮忙——手头有些工作必须当天完成。

张立军告诉他，公司所有速记员都去观看球赛了，如果他晚来 5 分钟，自己也会走。但张立军同时表示自己愿意留下来帮助他，因为"球赛随时都可以看，但是工作必须在当天完成"。

做完工作后，律师问张立军应该付他多少钱。张立军开玩笑地回答："哦，既然是你的工作，大约 2000 元吧。如果是别人的工作，我是不会收取任何费用的。"律师笑了笑，向张立军表示谢意。

张立军的回答不过是一个玩笑，并没有真正想得到2000 元。但出乎张立军意料，那位律师竟然真的这样做了。6 个月之后，在张立军已将此事忘到了九霄云外时，律师却找到了张立军，交给他 2000 元，并且邀请张立军到他的公司工作，薪水比现在高出 1000 元。

张立军放弃了自己喜欢的球赛，多做了一点事情，最初的动机不过是出于乐于助人的愿望，并不是金钱上的考虑。张立军并没有义务放弃自己的休息去帮助他人，但他的这种放弃不仅为自己增加了1000元的现金收入，而且为自己带来一项比以前更重要、收入更高的职务。

成功的人永远比别人做得多一点。如果不是你的工作，而你做了，这就是机会。每天多做一点点，并不会占用你多少时间，但是会让你离成功更近一步。

在工作中，有很多事情都需要我们多做一点点。大到对工作、公司的态度，小到你正在完成的工作，甚至是接听一个电话、整理一份报表，只要能多做一点点，把它们做得更完美，你将会得到数倍于一点点的回报。有时，在工作中我们不必比别人多做许多，只需要一点点就已足够，就会让旁人刮目相看。

每天多做一点工作也许会占用你的时间，但是，你的行为会使你赢得良好的声誉，并增加他人对你的好感。做完自己职责分内的事情，再努力干其他事情的初衷也许并非为了获得报酬，但往往会有些意想不到的收获。

你没有义务要做自己职责范围以外的事，但是你也可以选择自愿去做，以驱策自己快速前进。率先主动是一种极珍贵、备受上司看重的素养，它能使人变得更加敏捷，更加积极。不管你是管理者，还是普通员工，更努力的工作态度能使你从竞争中脱颖而出。你的上司和顾客会关注你、信赖你，

工匠精神
卓越员工的十项修炼

从而给你更多的机会。

玫琳凯·洛佩兹小姐最先为迈克先生工作时，职务很低，但现在却已经成为迈克先生的左膀右臂，担任其下属公司的总经理。玫琳凯·洛佩兹之所以能如此快速地升迁，秘密就在于"每天多做一点"。

"在为迈克现在工作之初，我就注意到，每天下班后，所有的人都回家了。迈克先生仍然会留在办公室里继续工作到很晚。因此，我决定下班后也留在办公室里。是的，的确没有人要求我终于做，但我认为自己应该留下来，在需要时为迈克先生提供一些帮助。"

"像工作中找文件或打印材料等事情，起初都是迈克先生自己亲自做。但是到了后来，他发现下班后我也急需待在公司，准备随时听候他的吩咐，这样，就让我帮助他做些这样的日常性工作……"

迈克先生为什么会养成召唤玫琳凯·洛佩兹小姐的习惯呢？因为她自动留在办公室，迈克先生随时可以看到他，并且诚心诚意为其服务。这样做获得了报酬吗？没有。但是她获得了更多的机会，使自己赢得老板的关注，最终获得了提升。所以说，"每天多做一点"的工作态度能使你的工作逐渐变得更加出色而从竞争中脱颖而出。

对于一个员工来说，仅仅一丝不苟、忠于职守是不够的，你还应该做到每天更努力一点，应该要求自己在做完本职工作后再多做一些事情，比别人期待的更多一点。这样就可以做得更好，给自我的提升创造更多的机会。

在工作中，比自己分内的工作多做一点，比别人期待的更多一点，如此就可以吸引老板更多的注意，给自我的提升创造更多的机会。千万不要一想到比别人还要多做些事情就开始抱怨，如果这样便会让你的机会跑掉。其实，获得成功的秘密很简单，那就是每天多做一点。多做一点会使你最大限度地展现自己的工作态度、最大限度地发挥你的天赋，从而使你的自身价值不断得以提升。

对企业员工来说，每天多做一点，它使你变得更加主动，更加积极。无论你从事什么工作，"每天多做一点点"的工作态度能使你从企业的人才竞争中脱颖而出。

勤奋工作，让自己跑起来

每天清晨，当太阳刚刚升起，露珠还未完全消失，大草原上的动物们，就已经开始了一天的奔跑。

最先跑起来的是羚羊。它们成群结队地跑过平缓的山冈，找到水源，在短暂的休息之后又开始新的奔跑。就在它们不远的地方，也许就在附近的草丛里，狼群也在奔跑。它们的奔跑是为了羚羊。

当狼群开始奔跑的时候，狮子也开始了奔跑。它们必须赶在狼群之前抓住几只羚羊，否则，今天可能又是一个忍饥挨饿的日子。

这就是每天发生在大草原上的一幕，每天都在上演着的奔跑比赛。

没有任何外在的力量在导演这一切。它们奔跑完全是来自内心的驱使——要么生存，要么死亡。只有"让自己跑起来"才能生存，也只有跑起来的动物才能获得比同类更好的生存环境，不管是主动攻击的动物还是被攻击的动物。

"为自己跑起来"是动物世界永恒的法则。人类正是通过这一法则使自己变成了人。但是当人类逐渐进化、逐渐变得聪慧时，他们再也不"为了自己而奔跑"了。他们开始习惯了享受现代文明的成果，他们漠视自己内在的动机和需求，他们只要求索取和坐享天成。他们在内心深处已经失去了奔跑的动力，他们为自己寻找各种理由和借口，他们认为优秀是别人的事。

微软曾经有一位跳槽过来的业务员，他一度认为自己非常优秀。有一个月，他拜访了 10 位顾客，最终成交了 5 位。这在别的公司，已经算是高效率了。于是这个业务员找到比尔·盖茨说："老板，我拜访 10 位顾客成交了 5 位，你是不是应该给我奖励一辆车或是增加一点奖金呢？"

比尔·盖茨耸了一下肩膀说："10 位顾客成交了 5 位，另外 5 位被竞争对手给抢跑了。你居然还敢跟我来要奖金！"听完老板的话，这位业务员马上去找那 5 位顾客，说服他们也成为了微软的客户。

拿下 10 位顾客以后，这位业务员又去找比尔·盖茨说："报告老板，拜访 10 位顾客成交 10 位，这下您该给我些奖赏了吧！"

比尔·盖茨还是不满意："你还是在浪费时间，你的业绩对于公司的整体发展没有任何帮助。我问你，第 11 位顾客在哪里？"

业务员一听傻眼了，在其他公司他都是顶尖的，可到了微软公司，竟然被臭骂两次。下一个月他更加努力，一共拜访了11位顾客，又全都成交了。于是他又找到比尔·盖茨说："老板，你看，我拜访了11位成交了11位，成功率100%。"

比尔·盖茨却说："你已经被开除了，因为其他业务员都拜访并且成交了12位以上，你是公司的最后一名。"微软公司之所以雄冠全球，靠的是公司全体员工的努力。比尔·盖茨就曾经多次告诫自己的员工："工作需要付出100%的热忱、100%的努力。能完成100%，就不完成99%，虽然仅有1%的差距，但正是这1%，不但会反映出你对工作的态度、作风，而且也会彻底改变你的人生。"比尔·盖茨要求不论哪级工作人员，都必须要在其位，谋其事，努力工作，不断进取。这就是工匠精神。

不仅是比尔·盖茨，所有大公司的管理者都不愿意看到员工在工作中悠然自得，更容不得员工在他的面前显露出一副洋洋得意、满足现状的样子。一个员工，不管他曾经取得多么大的成绩，一旦丧失进取心，不再努力工作，那他只有走人。

想在工作中表现得更出色，办法只有一个，那就是全力以赴地投入工作。但遗憾的是，很多员工的想法恰恰与此相反，他们认为公司是老板的，自己只是给老板打工，没必要累死累活地替别人工作。

有些人不把工作当一回事，缺乏工匠精神，不但表现不积极，连犯错也不在乎，他心里总是想"反正混一口饭吃"，总是采取一种应变的态度："此处不留人，自有留人处。"这种人很让人看不惯，可是他每天准时上下班，对人又客气得要命，让你抓不到他的小辫子。这种人自己好像过得很舒服，其实周围的人早在心里把他看轻。

在工作中，我们必须一直保持一种最佳状态，让激情永驻，只有这样，才能不断提高我们的工作业绩，不断品尝成功的喜悦。

张芳是一名餐馆服务员。在常人看来，这是一个不需要什么技能的职业，只要招待好客人就可以了。许多人已经从事这个职业多年了，但很少有人会认真投入到这个工作中去，因为这看起来实在没有什么需要投入和可学习的。

但是，张芳一开始就表现出了极大的耐心，并且将自己全部的激情和对工作的热忱都投入了进去。一段时间以后，她不但能熟悉常来的客人，而且掌握了他们的口味，只要客人光顾，她总是千方百计地使他们高兴而来，满意而去。因此，她不但赢得顾客的交口称赞，也为饭店增加了收益——她总是能够使顾客多点一两道菜，并且在别的服务员只照顾一桌客人的时候，她却能够独自招待几桌客人。

她这样勤勤勉勉地工作半年以后，餐馆的老板发现了她

工匠精神
卓越员工的十项修炼

的才能，便准备提拔她做店内的主管，但她却婉言谢绝了。原来，一位投资餐饮的顾客看中了她的才干，准备投资与她合作，资金完全由对方出，她负责管理和员工培训，并且许诺她将获得新店 25% 的股份。

如今，张芳已经成为一家大型餐饮企业的老板了。

其实，工匠精神是一个包含了诸多智慧、激情、信仰、想象和创造力的词汇。卓有成效和积极主动的人，他们总是在工作中付出双倍甚至更多的智慧、激情、信仰、想象和创造力，而失败者和消极被动的人，却将这些深深地埋藏起来，他们有的只是逃避、指责和抱怨。

自觉自发地去努力工作，这是对工作的一种发自肺腑的爱，一种对工作的真爱。工作需要热情和行动，工作需要努力和勤奋，工作需要一种积极主动、自觉自发的精神。只有以这样的态度对待工作，我们才可能获得工作所给予的更多的奖赏。

熟能生巧才是精工巧技的秘诀

工匠日复一日，年复一年地精耕细作，以求熟能生巧、技艺精进，这或许就是他们成功的秘诀之一。

欧阳修曾讲过一个《卖油翁》的故事：

北宋时期，有个射箭能手叫陈尧咨。有一天，他在家练箭，十中八九，旁观者拍手称绝，陈尧咨自己也很得意，但观众中有个卖油的老头只略微点头，不以为然。陈尧咨很不高兴，问："你会射箭吗？你看我射得怎样？"老头很干脆地回答："我不会射箭。你射得可以，但并没有什么奥妙，只是手法熟练而已。"在陈尧咨追问老头有啥本领后，老头把一个铜钱盖在一个盛油的葫芦口，然后用勺子舀了一勺油，高高举起，倒了下来，只见油细若丝，穿钱眼而过。勺里的油倒完了，铜钱上却没有一点油星。老翁说："我这也是没有什么，只不过手熟而已。"

这个家喻户晓故事印证了一个颠扑不破的真理：熟能生巧，练则精通。不管做什么事情，只要勤学苦练掌握规律，就能找出许多窍门，干起来得心应手。工作也就如此。工作是一个不断学习、不断完善、不断积累的过程。只要我们能够不断地学习和掌握技术业务，就能够把一项工作做到运用自如的程度。换句话，就是做好了平凡的工作，把一件平凡的工作做到了极致。这就是工匠精神。

　　明朝万历年间，北方的女真为患一时。朝廷为了要抗御强敌，决心重修万里长城。当时号称天下第一关的山海关，早已年久失修，其中"天下第一关"的题字中的"一"字，已经脱落多时。万历皇帝募集各地书法名家，希望恢复山海关的本来面貌。各地名士闻讯，纷纷前来挥毫，但是没有一人的字能够表达天下第一关的原味。皇帝于是再下诏告，只要中选，就能够获重赏。经过严格筛选，最后中选的竟是山海关旁一家客栈的店小二，真是跌破大家的眼镜。

　　在题字当天，会场被挤得水泄不通，官家早就备妥了笔墨纸砚，等候应征者前来挥毫。只见主角抬头看着山海关的牌楼，舍弃狼毫巨笔不用，拿起一块抹布往砚台里一蘸，大喝一声："一"，十分干净利落，立刻出现绝妙的"一"字。旁观者莫不报以惊叹不已的掌声。有人好奇地问店小二如此成功的秘诀，这位店小二久久无以回答，后来勉强道：其实，我想不出有什么秘诀，只是在这里当了30多年的店小二，每当我在擦桌子时，就望着牌楼上的"一"字，一挥一擦就这样而已。

原来这位店小二的工作地点，正好面对山海关的城门，每当他弯下腰，拿起抹布清理桌上的油污之际，这个视角正对准"天下第一关"的一字。因此，他不由自主地天天看、天天擦，数十年如一日，久而久之，就熟能生巧、巧而精通，这就是他能够把这个"一"字临摹到炉火纯青、惟妙惟肖的原因。

当店小二临摹到一定"量"时，技法必然达到相对熟练的水平，自然会总结出一些经验和方法，并产生"质"的变化。做任何事情都是一样，只有多接触，多模仿，多实践，你才能掌握它。

这种"熟能生巧"的方法也同样适用于工作。再复杂的工作，只要干的多了，自然而然就会熟练起来。经验是慢慢积累的，水平也是逐渐提高的，这是一条千古不变的定理。

俗话说：熟能生巧，巧能生精。丰富的实际经验会使你的工作进入到一个良性的轨道之中，而这会让你的工作效率不断提高，工作质量不断改善。因此，我们要不断积累实际经验，努力学习各种知识技术，力求把工作做到更全、更细、更稳。

洛克菲勒最初在石油公司工作时，既没有学历，又没有技术，被分配去检查石油罐盖有没有自动焊接好。这是整个公司最简单、枯燥的工序。

每天，洛克菲勒都会看到上百次机器的同一个动作。首先是石油罐在输送带上移动至旋转台上，然后焊接剂便自动滴下，沿着盖子回转一周，最后工作完成，油罐下线入库。他的任务就是注视这道工序，从清晨到黄昏，检查几百罐石油，每天如此。

每半个月后，洛克菲勒忍无可忍，他找到主管请求改换其他工种，但被拒绝了。没有办法，洛克菲勒只好重新回到焊接机旁，既然换不到更好的工作，那就多积累些经验，把现在的工作做好再说。

洛克菲勒开始认真观察罐盖的焊接质量，并仔细研究焊接剂的滴速与滴量。他发现，当时每焊接好一个罐盖，焊接剂要滴落 39 滴，而经过周密计算，结果实际只要 38 滴焊接剂就可以将罐盖完全焊接好。经过反复测试、实验，最后洛克菲勒终于研制出"38 滴型"焊接机，也就是说，用这种焊接机，每只罐盖比原先节约了一滴焊接剂。就这一滴焊接剂，一年下来却为公司节约出几百万美元的开支。

"熟能生巧"，工作经验的积累可以让你的工作时刻都处于良性的轨道之上，提高工作效率就是轻而易举的事。

在这个世界上，没有不能积累经验的工作，只有不能积累经验的人。没有无价值的工作，只有让工作无价值的人。工作有无价值，能否积累经验，取决于你自己。所以，无论做什么工作，你需要努力积累有足够的经验，这样你才能在竞争中脱颖而出。

自动自发，积极主动

　　积极主动是一流匠人的特质之一，他们总是自己主动去发现问题，然后找到解决问题的各种好方法，为推动行业的发展做出积极贡献。

　　卡耐基曾经说过："有两种人永远将一事无成，一种是除非别人要他去做，否则，绝不主动去做事的人；另一种则是即使别人要他去做，也做不好事的人。那些不需要别人催促就会主动去做应该做的事而且不会半途而废的人必将成功。"

　　有成功潜质的匠人，总是自动自发地为自己争取最大的进步。只有积极主动地做事情，才会让雇主惊喜地发现你实际做得比你原来承诺的更多，而你更有机会获得加薪和升职。

　　张小姐在一家超市工作，她一直认为自己是一个非常优秀的员工，完成了自己应该做的事——记录顾客的购物款。于是，她向经理提出了升职加薪的请求，没想到经理竟然拒绝了，理由是她做得还不够好。

有一天，张小姐和往常一样，做完了手头的工作，正和一个同事闲聊。这时，经理走过来，环顾四周，然后示意张小姐跟他走。经理一句话也不说，开始整理地面上的垃圾，然后，她把所有的东西全部归类并清扫。张小姐惊奇地看着这一切，逐渐醒悟过来：经理是想让我做这些事！可是，从没有人告诉我要做这些事啊！即使是现在，谁也没有说过，这就是自身缺乏工作的主动性。

　　所谓主动，就是在没有人要求你、驱使你的情况下，你能够自觉并出色地做好需要做的事情。在竞争异常激烈的时代，被动意味着挨打，主动就可以占据优势地位。

　　积极主动是一种行为美德，也是一个人在工作中应该持有的态度。比尔·盖茨曾说过："一个好员工，应该是一个积极主动去做事，积极主动去提高自身技能的人。这样的员工，不必依靠管理手段去触发他的主观能动性。"

　　成功的机会总是在寻找那些能够主动做事的人。只有当你主动、真诚地提供真正有用的服务时，成功才会随之而来。每一个雇主也都在寻找能够主动做事的人，并以他们的表现来奖励他们。

　　主动是一种态度。在日常工作中，经常会出现同样的工作岗位、同样素质的不同员工去做，却出现截然不同的工作结果，究其原因就是主动工作和被动执行的结果。

　　小南和小华在同一家公司任职，小南在一年的时间里得到了两次升职的机会，而小华却还停留在原来的职位上。小华觉得很不服气，就去找老板问理由。老板吩咐他说："小华，你现在就到市场去一趟，调查一下今天早上有什么卖的东西。"小华欣然答应，没多一会儿就回来了，他向老板报告说："今天市场只有一个农民拉了一车土豆在卖。""一共有多少？"老板问。小华闻言又往市场跑，汗流浃背地回来报告说："共有50袋土豆。""那价格又是多少？"老板又问。小华只好又跑向了市场询问价格，并且还埋怨老板为什么不一次都问完。老板微微一笑说："好了，现在你坐在椅子上休息一下，看看别人是怎么做的。"老板把小南找来做同样的工作，小南很快从市场回来，向老板报告说：现在只有一个农民在卖土豆，一共50袋，价格是每公斤1元钱，土豆的质量很好，他还带回一个样品让老板看。并且这个农民一小时后还要运来几箱番茄，价格也很公道。他知道昨天店里的番茄卖得很不错，供不应求，而这样便宜的番茄老板肯定会进货，所以就把那个农民带来了，他现在正等在外面呢。

　　这时老板对着坐在椅子上得小华说："现在你知道小南职位比你高得原因了吧？"

　　任何一个企业都迫切的需要那些积极、主动的员工。积极主动是优秀员工的显著标志。优秀的员工往往不是被动地等待别人安排工作，而是主动去了解自己应该做什么，做好计划，然后全力以赴地去完成。主动工作、积极进取的员工，才可以尽快在职场中找到自己的位置，并获得成功。

拿破仑说过："自觉自愿是一种极为难得的美德，它能驱使一个人在不被吩咐应该去做什么事之前，就能主动地去做应该做的事。"主动工作的最大意义在于，你在做那份工作时不再像以前那样被动，你会更加用心地把它当作自己的事情来做，做起来很有激情，并能从中获取快乐、成就与满足感！

一家公司的营销部经理带领一支队伍参加某国际产品展示会。在开展之前，有很多事情要做，包括展位设计和布置、产品组装、资料整理和分装等，需要加班加点地工作。可营销部经理带去的那一帮安装工人中的大多数人，却和平日在公司时一样，不肯多干一分钟，一到下班时间，就溜回宾馆去了，或者逛大街去了。经理要求他们干活，他们竟然说："没有加班费，凭什么干啊。"更有甚者还说："你也是打工仔，不过职位比我们高一点而已，何必那么卖命呢？"

在开展的前一天晚上，公司老板亲自来到展场，检查展场的准备情况。到达展场，已经是凌晨一点，让老板感动的是，营销部经理和一个安装工人正挥汗如雨地趴在地上，细心地擦着装修时粘在地板上的涂料。而让老板吃惊的是，其他人一个也见不到。见到老板，营销部经理站起来对老总说："我失职了，我没有能够让所有人都来参加工作。"老板拍拍他的肩膀，没有责怪他，而指着那个工人问："他是在你的要求下才留下来工作的吗？"

经理把情况说了一遍。这个工人是主动留下来工作的，在他留下来时，其他工人还一个劲地嘲笑他是傻瓜："你卖什么命啊，老板不在这里，你累死老板也不会看到啊！还不如回宾馆美美地睡上一觉！"

老板听了叙述，没有做出任何表示，只是招呼他的秘书和其他几名随行人员加入到工作中去。当参展结束后，一回到公司，老板就开除了那天晚上没有参加劳动的所有工人和工作人员，同时，将与营销部经理一同打扫卫生的那名普通工人提拔为安装分厂的厂长。

那一帮被开除的人很不服气，来找老板理论。"我们不就是多睡了几个小时的觉吗，凭什么处罚这么重？而他不过是多干了几个小时的活，凭什么当厂长？"他们说的"他"就是那个被提拔的工人。

老板对他们说的是："用前途去换取几个小时的懒觉，是你们的主动行为，没有人逼迫你们那么做，怪不得别人。而且，我可以通过这件事情推断，你们在平时的工作里也偷了很多懒。他虽然只是多干了几个小时的活，但据我们考察，他一直都是一个积极主动的人，他在平日里默默地奉献了许多，比你们多干了许多活，提拔他，是对他过去默默工作的回报！"

一个优秀的员工永远不会缺乏主动工作的精神，他永远都会保持自动自发的态度，他懂得为自己负责，更懂得要为领导负责，为公司负责。

主动工作是优秀员工的必备素质。主动工作不仅会让你超越别人，更为重要的是，它还会让你百倍地发挥自身潜力，超越自我。当你做到了积极主动，超越了自我，就会发现，加薪和升迁原来很简单。

在现代职场中，过去那种听命行事的风格已不再受到重视，积极主动工作的员工将备受青睐。一个积极主动的员工总能把心思全部用在工作上。在工作中，他们往往能发现问题，并通过认真研究，找到解决问题的最好方法，获得工作所给予的更多的回馈。

好工匠不会只扫门前雪

优秀的工匠并不只是"各扫门前雪"，他们在做好分内事的同时，也讲求分工协作，相互提醒，相互补位。

在工作中，我们经常遇到这种情况：老板不在或者其他员工不在，可是这个人的岗位上有事急需要处理，此时，如果老板没有授权，作为岗位上的员工当然可以对此事置之不理，这可以保证员工没有越位。但是，另一方面，在这个时候，如果了你不及时补位，就有可能造成公司利益的损失。所以，在工作中，你还要在适当的时候补位，这体现的是一种自动自发、主动执行的精神，这种做法不仅保全了公司的利益，还体现了你个人的价值。

刘丽是一家外企的员工，她的工作十分简单，就是每天负责收发和传送文件。刘丽是一个十分主动的人，企业出现突发事件时，其他员工总是推三阻四，而刘丽就像一个候补救火队员一样，及时主动地补上去。因为她愿意多做事，而且从来不叫苦叫累，工作也完成地很好，所以领导对她的指派也越来越多，有些不在她的工作范围内的事，也常常让她负责。

有些同事开始笑她，说他是老板的奴隶，干那么多事也不加薪水。可是，刘丽对这样的议论不以为意，认为杂事虽然多，但自己有更多的学习机会，能够得到更多的锻炼。至于薪水，等到自己有更多的经验时，自然会增加。后来，老板慢慢地对于他的工作表现十分满意。刘丽渐渐接手一些较为重要的工作。当企业需要派人去拜访重要客户或者是参加重要谈判时，她总是老板的第一人选。企业成功上市后，刘丽以董事会秘书的身份成为企业的一名重要员工。

刘丽的经历告诉我们，对于员工来说，主动补位不但不是一种负担，而且还能掌握更多的个人资源和工作资源。自动自发、主动补位做一些工作，日后一定能获得好处，你无意播下的种子在不经意间会长成参天大树。

一个部门，就像一整台机器，在其中工作的人就是这部机器的零部件，不管哪一个零部件出了问题，都会影响整台机器的正常运转。一个企业，就像一出戏，每个人都扮演着不同的角色，一个角色演砸了，就会影响整台戏的演出效果。只有大家懂得相互补位，部门这台机器才能正常运转，企业这台戏才能唱得精彩。大家心往一起想，劲往一起使，才能协力同心，共谋发展。

在一次项目完工的剪彩仪式，有一家房地产公司邀请了总公司五位领导前来剪彩，当五位领导被请上台后，项目经理发现台下还有一位相当级别的老领导也来了，于是硬把这位领导拉上台，让他也一道剪彩；下面的员工看在眼里，急在心里，眼看就要出洋相了。说时迟，那时快，公司办公室主任迅速地从大衣口袋里拿出一把剪子递了上去，一字排开，六位领导喜气洋洋地剪完了彩，所有的人皆大欢喜。一位老员工在小惊之后，顿生敬佩之情，随即问办公室主任："你怎么知道还会叫一个人上去？""如果老总再叫一个，我这边口袋还装着一把呢。"

每个公司都会出现一些无人负责的事情，这时就需要员工有一种补位意识，多做一些事情，做的事情越多，你的地位越重要，掌握的个人资源和工作资源也就越多，情形对自己就越有利。

在职场中，我们不但要把自己的工作做到位，而且还要主动补位，想他人所未想，这样才能随时应对可能出现的各种问题，从而正确、及时地处理各种危机。主动补位的人，是企业永远都离不开的人，这样的员工永远不用担心被辞退，因为他能主动补位，能及时满足工作需要，能及时处理问题，能善于发现商机……

于娜是一家公司的普通职员，平时的工作只是收发、传送领导文件，当公司出现一些无人料理的事情时，别的同事都为能少做就少做而推来推去，而于娜就像一颗螺丝钉一样

工匠精神

卓越员工的十项修炼

赶快补上，不多久一份工作就漂亮地完成了，从此"于娜你见一下那个客户"，"于娜你去做那件事情"这样的指派越来越多。于娜从未觉得自己是个被人支来支去的"小跑堂"。虽然杂事很多，但是得到锻炼的机会也多，比如叫她去接触媒体，联系公司的广告业务，参与广告文案的写作，选择适合的传播渠道等，这都是给了她一个充电和学习的机会。

一直在暗中观察员工表现的老总暗暗点头。从此于娜工作更忙了，但是忙的却是一些更重要的事情了。终于有一天公司要准备"上市"了，需要把公司彻底包装成一家公众公司，拟一份招股说明书，集团董事会希望于娜能做好准备，协助管理层完成公司历史上质的飞跃。于娜不负众望，漂亮地完成了自己的工作任务。后来，她又跃升至公司管理层高级管理人员，并且成为资本运营方面独当一面的大将。

主动补位，多做了一点事，表面看似你吃了一点亏，但你绝不会因为为企业做些额外事而有所亏损，相反的，在补位的过程中，你可以收获很多。每一次补位都是你锻炼自己的好机会，做的工作越多，你得到的锻炼也就越多，能力的提升也就越快。此外，一个时刻为企业着想、积极补位的员工，必然会赢得领导的赏识和重用。因此，我们要抓住机会锻炼自己、掌握知识、积累经验，为将来的成功打下坚实的基础。

树立主动补位的意识，把今天的每一份工作做好，从而为明天的成功积累更多的资本。树立补位意识，用锻炼自己成长的积极心态来对待自己正在做的事情。把工作当成机会，把指派当成锻炼。当你的主动成为一种习惯时，在不知不觉之间，已在老板心目中树立了有能力、敢担当的形象，从而更容易被委以重任。

只要是关系到企业利益的事务，我们应该及时关注、主动伸手，这样我们才能帮助企业发现更多的商机，帮助企业抢占市场，在企业的发展过程中，也为自己赢得足够的发展空间。

主动补位、自动自发，这不是一句口号、一个动作，而是要充分发挥主观能动性与负责精神，对工作、对企业尽自己全部的努力。所以每个员工要常常扪心自问：我是否具有补位意识？我是否善于补位呢？如果你的回答不是特别肯定的话，你就必须改变自己被动的工作态度，主动工作、主动补位，绝不做一个旁观者。

第四章　工匠之专注

——普及工匠精神，以专注之心成就专业之事

"工匠精神"的核心是专注、专心、专一。作为职场人，我们要学习这种专心致志的工作精神，在自身的工作领域不断追求进步，攻坚克难，把全部精力和所有智慧聚集到这一个点上，继而心无杂念、全神贯注地朝着这个方向去奋斗和努力，逢山开路，遇河搭桥，凝心聚力，目标如一，不偏不移，不离不弃。

优秀的匠人第一次就能把事情做对

工匠精神是一种精益求精、第一次就把事情做对的科学态度。它不仅培养发现问题的意识，确定和定义问题的能力，更培养解决问题并执行的能力。许多员工做事不精益求精，只求差不多。尽管从表现上看来，他们也很努力、很敬业，但结果却总是无法令人满意。

小张在一家公司做内勤工作，负责公司里的一些杂务事情。有一次，公司的复印机出了问题，总是卡纸，老板让他找人修理一下。经过修理人员的检查，发现原来是搓纸轮老化造成的。修理人员更换新的搓纸轮后，复印机可以正常运转了，但修理人员发现复印机的定影器也有点问题，问小张是否需要更换一个新的。

小张认为既然复印机现在已经修好了，也就没必要再动别的零件，再说自己下午还有别的事要办呢，哪有时间陪他们修这个。他心想，等有了问题再说吧！于是，就打发修理人员快走。修理人员走时，对他说："现在不换，过一两个月后你还是得换！"

一个月后，当老板复印一份重要文件的时候，发现复印机居然彻底不工作了。他大发雷霆，叫来小张："你是怎么办事的！上个月才修了一次，现在就不能用了！上次修的时候你彻底检查了吗？"

小张想起了上次修理人员的提醒，觉得理亏，马上打电话让修理人员过来，可对方说太远，而且连续几天的工作都安排满了，如果他着急的话，只能他自己把机器拖过去才行。小张只得灰头土脸地找出租车，找人搬机器……

工作中，你是否也和故事中的小张一样，因第一次没把事情做对，你要忙着改错或是补救，使工作越忙越乱，轻则浪费大量的时间和精力，重则返工或报废，给公司造成经济或形象损失。想想这些，你就能理解"第一次就把事情做对"这句话的分量。

或许有些人会有这样的疑惑：怎么可能第一次就把事情做好呢？人又不是神仙，怎么可能不犯错呢？不是允许合理的消耗吗？不是允许一定比例的废品吗？但是从福特公司的全面质量管理和标准化生产中可以惊奇地发现，原来，第一次就把事情做好不仅是可能的，而且是一定要做到的。想想看，整条流水线上，每一个零配件生产出来之后马上就被送去组装，因为没有库存，任何一个环节出了质量问题，都会导致全线停产，所以必须百分之百地"第一次"就把事情做好。

在自我管理上，"第一次就把事情做好"也是一个应该引起足够重视的理念。如果这件事情是有意义的，现在又具备了把它做好的条件，为什么不现在就把它做好呢？当然，在提法上可以更人性一点，叫作"把一点一滴的事情做好"，每个人只有把一点一滴的事情做好了，才可能达到第一次就把事情做对的境界。

"第一次就把事情做对"，它并不是说人不可以犯错误，而是指对待工作必须有一种坚持第一次就做对，符合所有要求的决心和态度。

有一家电子加工企业，近几年由于营销做得出色，市场的机会也好，订单呈每年40%的速度增加。为此，老板几乎每年都要翻倍地招人和扩大生产线，但不管他的投入多大，在管理上做了多么认真的努力，有一个严重的问题一直影响着他——他的工厂总是不能按期完成任务。为此，很多单子他都不敢接。

为此，老板多次进行中高层会议协商，但都无法得出结果，大家普遍反映的就是：随着规模扩大，各种成本——包括时间成本——肯定会增加。

正当他们一筹莫展的时候，一个一线员工提了个大胆的建议：取消返工的流程，将合格率直接与奖金挂钩。

管理层听到这个建议，很是不解。因为取消返工流程，就意味着增加员工的压力，在大家的观念里，还意味着"不可能"。但眼前没有其他办法，老板决定试试。结果，出乎大部分人的意料，取消返工流程后，工人们的实际反应是：第一次就把工作做对竟然如此简单！

短短三个月后，这家企业的产量实现了翻番，而产品质量并没有受到任何影响。

"第一次把事情做对"，它是用来衡量是否达到要求、是否执行到位的标准，也是时时刻刻警醒我们要尽最大的可能，在接手每一份工作时，抱着"一次就做对"的执行信念。

在工作中，第一次就把事情做对，是提高工作效率的第一步。它是一个观念，也是一个良好的工作习惯。它会节省我们很多的人力、物力、财力，使我们少走很多不必要的弯路。

亚瑟是一名管理上千名员工的雕塑品公司经理，以前他不过是一家雕塑品店的学徒工。

"不要把这件作品搞砸了，它可是我的心肝，亚瑟！"他的老板——一位著名的雕塑家常常对他说。而这个学徒一有空闲，就琢磨如何把作品雕刻得更完美。很快地，他就熟练地掌握了各种雕塑的雕刻技术。他如此认真仔细，甚至连店主老板都觉得有些过分。不满足于良好状态，坚持做每一件事都精益求精已经成为他的工作习惯，也正是这种良好的习惯成就了这位年轻人今天的位置。

一次，亚瑟去拜访他的老板——这位著名的雕塑家。他发现，他在忙于雕刻一件雕塑作品。"我一直在给它修改润色。"他指着雕塑对亚瑟说,"你看,现在是不是更有光彩了?面部表情也柔和了许多,这里的肌肉也显得更加强健有力了。"

雕塑家说:"艺术的完美就在于精益求精。"当你工作时,也应该具有这样的工作态度,这样严格要求自己:能做到最好就不要做到差不多,尽量一次就把事情做好。

一个人要想在某行业中领先,就必须抛弃"差不多就好"的工作标准,秉承"第一次就把事情做对"的工匠精神,如果你可以努力达到艺术家的水平,就不要甘心沦为一个平庸的工匠。第一次就把事情做好,就要用高要求和高标准来要求自己,在做事的过程中,争取第一次就把事情做对,不给自己留下再三纠错的后遗症。

心无旁骛，一心盯紧自己的工作

　　古代工匠大多只专注于做一件事，或几件内容相近的事情。"庖丁解牛"中的庖丁、《核舟记》中的奇巧人等大抵如此。随着科技发展和分工协作效率的提升，如今一个人有可能同时做几件事情。但同时做好几件事情，对于个人的精力、素质和技能构成巨大挑战。大多数人还是应该"有所为，有所不为"，明确核心业务范围。否则，极有可能费尽力气，结果却一无所获。

　　有这样一个故事：

　　两个学生拜奕秋为师学习下棋。其中一个学生每次听课都全神贯注，一心一意地听奕秋讲解棋道；而另一个学生上课时总是心不在焉，三心二意，极易被外界事物纷扰乱了心神。一次上课时，有一群天鹅从他们头上飞过，那位专心的学生连头都没有抬一下，浑然不觉。而心不在焉的学生虽然看着好像也在那里听，但心里却想着拿了箭去射天鹅。若干年后，那位专心致志的学生也成了一名出色的棋手，而另一位呢，却一事无成。

可见，成功没有捷径可走，必须全力以赴地做好每一件事情。人的精力总是有限的，成功卓越者可能一生要做很多事情，但在一段时间内，只有集中精力投入一个目标，才容易成功。如果在同一时间，一心多用，常不免相互干扰而导致失败。

在世事喧腾、红尘滚滚中静下心来，专注于某一事业，不受其他欲望诱惑的摆布，这是一件非常艰难的事，但是唯有如此才能成就于某一天地。因为专注会带来更多的成功机会。如果我们集中精力专注于一项工作，就能把这项工作做得很好。正如作家西塞罗所说："任凭怎么脆弱的人，只要把全部的精力倾注在唯一的目的上，必能有所成就。"

一家公司在招聘员工时，特别注重考察应聘者的专心致志的工作作风。通常在最后一关时，都由董事长亲自考核。现任经理要职的约翰逊在回忆当时应聘时的情景时说："那是我一生中最重要的一个转折点，一个人如果没有专注工作的精神，那么他就无法抓住成功的机会。"

那天面试时，公司董事长找出一篇文章给约翰逊说："请你把这篇文章一字不漏地读一遍，最好能一刻不停地读完。"说完，董事长就走出了办公室。

约翰逊想：不就读一遍文章吗？这太简单了。他深呼吸一口气，开始认真地读起来。过了一会儿，一位漂亮的金发女郎走过来，"先生，休息一会儿吧，请用茶。"她把茶杯放在桌几上，冲着约翰逊微笑着。约翰逊好像没有听见也没有看见似的，还在不停地读。

又过了一会儿，一只可爱的小猫伏在了他的脚边，用舌头舔他的脚踝，他只是本能地移动了一下他的脚，小猫丝毫没有影响他的阅读，他似乎也不知道有只小猫在他脚下。

那位漂亮的金发女郎又飘然而至，要他帮她抱起小猫。约翰逊还在大声地读，根本没有理会金发女郎的话。

终于读完了，约翰逊松了一口气。这时董事长走了进来问："你注意到那位美丽的小姐和她的小猫了吗？"

"没有，先生。"

董事长又说道："那位小姐可是我的秘书，她请求了你几次，你都没有理她。"

约翰逊很认真地说："你要我一刻不停地读完那篇文章，我只想如何集中精力去读好它，这是考试，关系到我的前途，我不能不保持专注。别的什么事我就不太清楚了。"

董事长听了，满意地点了点头，笑着说："小伙子，你表现不错，你被录取了！在你之前，已经有50人参加考试，可没有一个人及格。"他接着说："现在，像你这样有专业技能的人很多，但像你这样专注工作的人太少了！你会很有前途的。"

果然，约翰逊进入公司后，靠自己的业务能力和对工作的专注和热情，很快就被董事长提拔为经理。

可见，专注能给人们带来成功的机遇！一个专注的人，往往能够把自己的时间、精力和智慧凝聚到所要干的事情上，从而最大限度地发挥积极性、主动性和创造性，提高执行力，努力实现自己的目标。

世界上无数的失败者之所以没有成功，并不是因为他们的才干不够，而是他们不能集中精力全力以赴地去做适当的工作，大好精力被浪费在东西南北各个方向上，而他们自己竟然还从未觉察到这一问题。如果把心中的那些杂念一一剪掉，使生命力里的所有养料都集中到一个方面，那么他们将来一定会惊讶——自己的事业树上竟然能够结出那么美丽丰硕的果实。

美国钢铁大王安德鲁·卡内基可谓富可敌国。令人佩服的是，他不但工作事务处理得非常好，能将一切事务掌握自如，而且晚上的宴会他也是每场必到，白天忙碌完公务后仍能有充足的时间和大家一起吃饭玩乐。手中虽然工作繁忙，但有时他还能安排出闲暇时间来表演娱乐节目。他如何运用自己的时间呢？

安德鲁说："其实能够轻松自如地做好大多数事情很简单，只要你能够安排好事情的轻重缓急，然后一次仅做一件事情，今日事，今日毕，无论做任何事情都集中精力于一件事情上就可以了，仅此而已。"

安德鲁·卡内基先生正是能够每一次都把精力只集中于一件事情上，让自己不受其他事情的干扰，所以能够获得人生的成功。我们要快速高效地解决好工作中出现的问题，也要养成专注工作的好习惯。如果工作起来不专注，即使去做一件很简单的事情，也很容易出现问题。

成功来自专注。世界上到处是散漫粗心的人，而那些专心专注于每一件事情的人却始终是"供不应求"的。只有把专注工作当作工作的使命并努力去做，养成专注工作的好习惯，你的工作就会变得更有效率，你也更能乐于工作，而且更容易取得成功。

集中注意力，一次只做一件事

有这样一个小故事：

有一位老师在讲台上谆谆勉励学生做事要专心，将来才会有成就。

为了具体说明专心的重要，老师叫一名学生上台，双手各持一支粉笔，命其在黑板上同时用右手画方，左手画圆，结果学生画得一团糟。

老师说："这两种图形都画得不像，那是因为分心的缘故。追逐两只兔子，不如追逐一只兔子。一个人同时有两个目标的话，到头来一事无成。"

这个小故事告诉我们，一个人的精力毕竟是有限的，不能一心二用。在工作中，我们要想干好一件工作，就必须全身心的投入，绝不能心猿意马。没有事情是简单的，任何一件事完成起来都要花费相当的精力，人心无法一分为二，只有专心是解决问题最好最快的途径。

著名的效率提升大师博恩·崔西有一个著名的论断："一

次做好一件事的人比同时涉猎多个领域的人要好得多。"富兰克林将自己一生的成就归功于"在一定时期内不遗余力地做一件事"这一信条的实践。一次只做一件事，就是专心致志，全神贯注，不受任何内心欲望和外界诱惑的干扰，对既定的方向和目标不离不弃，执着如一、不懈的努力。

一次只专心地做一件事，全身心地投入并积极地希望它成功，这样我们就不会感到精疲力竭。不要让我们的思维转到别的事情、别的需要或别的想法上去，专心于我们正在做着的事。集中精力专注于一项工作，就能把这项工作做得很好。

也许，纽约中央车站问询处是世界上最紧张的地方。虽然那里只有 10 平方米的大小，但每一天都是人潮汹涌，匆匆的旅客都争着询问自己的问题，希望能够立即得到答案。对于问询处的服务人员来说，工作的紧张与压力可想而知。可柜台后面的那位服务人员看起来一点也不紧张。他身材瘦小，戴着眼镜，一副文弱的样子，显得那么轻松自如、镇定自若。

在他面前的旅客，是一个矮胖的妇人，头上扎着一条丝巾，已被汗水湿透，充满了焦虑与不安。问询处的先生倾斜着上半身，以便能倾听她的声音。"是的，你要问什么？"他问。

这时，有位穿着入时，一手提着皮箱，头上戴着昂贵的帽子的男子，试图插话进来。但是，这位服务人员却旁若无人，只是继续和这位妇人说话："你要去哪里？""春田。"

"是俄亥俄州的春田吗？""不，是马萨诸塞州的春田。"

他根本不需要行车时刻表，就说："那班车是在10分钟之内，在第15号月台出车。你不用跑，时间还多得很。"

女人转身离开，这位先生立即将注意力转移到下一位客人——戴着帽子的那位身上。但是，没多久，那位太太又回头来问："你刚才说是15号月台？"这一次，这位服务人员集中精神在下一位旅客身上，不再管这位头上扎丝巾的太太了。

有人请教那位服务人员："能否告诉我，你是如何做到并保持冷静的呢？"

那个人这样回答："我并没有和公众打交道，我只是单纯处理一位旅客的问题。忙完一位，才换下一位，在一整天之中，我一次只服务一位旅客。"

由此可见，当你能够一心一意去做好每一件事时，成功就会隐约向你招手。

工匠精神提倡，一次只做一件事，这是每个员工获取成功不可或缺的品质。一个人的精力是有限的，把精力分散在好几件事情上，是不切实际的考虑，不是明智的选择。要想提高工作效率，就绝不能把精力同时集中于几件事上，只能关注其中之一。

一次只做一件事，即是集中精神，把一件事情做好，并且完成的话，你会发现自己会工作得更快，更有效率。

某公司的一位老板去拜访拿破仑·希尔。当看到希尔的办公桌十分干净整洁，他很是惊讶。他问希尔："希尔先生，你没处理的信件放到哪儿了呢？"

希尔颇为自豪地说："我的信件都处理完了。"

"那你今天没做的事情又推给谁了呢？"这位老板紧追着问。

"我所有的事情都处理完了。"希尔微笑着回答。看到这位老板困惑的神态，希尔解释说："原因很简单。我知道我所需要处理的事情很多，但我的精力有限，一次只能处理一件事情，于是我就按照所要处理的事情的重要性，列一个顺序表，然后就一件一件地处理。结果，全做完了。"说到这儿，希尔双手一摊，耸了耸肩膀。

"噢，我明白了。谢谢你，希尔先生。"

几周以后，这位老板请希尔参观自己宽敞的办公室。他对希尔说："希尔先生，感谢你教给了我处理事务的方法。过去，在我这宽大的办公室里，我要处理的文件、信件，堆得和小山一样，一张桌子不够，就用三张桌子。自从用了你的办法以后，情况好多了。瞧，再也没有没处理完的事情了。"

这位老板就这样找到了高效率做事的办法。几年以后，他的公司规模越来越大，而他处理工作游刃有余。

每次只做一件事情，对提高效率至关重要。做好一件事情，

工匠精神
卓越员工的十项修炼

需要凝聚心神、心无旁骛，这样一个人才可能最大限度地发挥潜能。而频繁地从一项工作转换到另一项工作则是浪费时间和精力的做法。基于这个道理，人们在工作中应该避免不必要的工作转换，要尽可能把一件事情做好、做透、做到位，然后再考虑下一件事。同时，当一个人了结了一件事情时，往往会有一种解脱感和满足感，甚至会有一种成就感，这是一种很好的心理状态，也是保证下一件事做好的必要前提。

一个优秀的员工必须懂得，在每一段时间专心处理每一件事情。在工作的时候，永远要培养的是一种叫做专心专注的状态。只有养成专心专注于每一件事情的习惯，工作效率才会提高。

专注于"不可能完成的任务"

人类生存中有一项不可否认的事实：只要是人类可以正当追求的，都有可能获得成功。英国大作家约翰生曾说过："在勤奋和技巧之下，没有不可能不成功的事情。"的确，没有做不到的事情，只有你想不想做，或许当你做一件事情的时候会遇见很多的困难，但只要你发自内心地想做，最后还是会成功的。人生没有达不到的高度，只有不愿攀登的心。

年轻的时候，拿破仑·希尔抱着一个当作家的雄心。要达到这个目标，他知道自己必须精于遣词造句，字词将是他的工具。但由于他小时候家里很穷，所接受的教育不完整，因此，"善意的朋友"就告诉他，说他的雄心是"不可能"实现的。

年轻的希尔存钱买了一本最好的、最完全的、最漂亮的字典，他所需要的字都在这本字典里面，而他的意念是完全了解和掌握这些字。但是他做了一件奇特的事，他找到"不可能"这个词，用小剪刀把它剪下来，然后丢掉，于是他有了一本没有"不可能"的字典。以后他把他整个的事业建立在这个前提上，那就是对一个要成长，而且要成长得超过别人的人来说，没有任何事情是不可能。

由此看来，只要你从你的字典里把"不可能"这个词删除，从你的心中把这个观念铲除，从你谈话中将它剔除，从你的想法中将它排除，从你的态度中将它扫除，不要为它提供理由，不再为它寻找借口，把这个字和这个观念永远的抛弃，而用光辉灿烂的"可能"来替代，你就能够将不可能变为可能。

林语堂先生讲过一句话："为什么世界上95%的人都不成功，而只有5%的人成功？因为在95%人的脑海里，只有三个字'不可能'。"的确，大多数人常常被"不可能"三个字困扰，无时无刻不在侵蚀着他们的意志和理想，其实，这些"不可能"大多是人们的一种想象，只要能拿出勇气主动出击，那些"不可能"就会变成"可能"。如果你认为自己的愿望永远不可能实现，那它也永远只能是你的愿望；如果你相信愿望终会变成现实，那这就没有什么不可能。不要在心里为自己设限，那将是你无法逾越的障碍。

人的潜能是巨大的，一个人只有具备积极的自我意识，才会知道自己是个什么样的人，并知道能够成为什么样的人，从而他才能积极地开发和利用自己身上的巨大潜能，将不可能的事变成可能，干出非凡的事业来。

在工作中，我们总会遇到很多困难，有些人往往选择了退缩和回避，因为他们认为这些困难是不可能完成和战胜的。而有些人却选择了迎难而上，付出自己最大的努力，即使最后失败了，也在所不惜。

郑军刚到深圳一家机械装备公司做业务员，因为还在试用期，所以，还没有机会承揽多少业务。总经理从某些渠道得知，西部地区某小城需要他们公司的机械设备产品，就有意选派人员前往。大家都知道这项任务绝非美差，当地的生活条件艰苦不说，工作上还很难出成绩，于是，大家纷纷找理由推诿，有的说自己手上的案子要跟进，有的说家里有事不能离开。郑军向来有不服输的性格，就主动揽下了这项艰巨的任务。

到了那儿，郑军才发现，当地的情况比想象中还要糟糕，在小城出差的日子并不如意，真令人有度日如年的感觉。更让郑军灰心的是，在该城联系的几家工厂，都没有采购他们的产品，虽然郑军尽了最大的努力，但只有一家签了初步合作的协议。

回到单位后，因为郑军敢于接受高难度的工作任务，不推三阻四，老总并没有责怪他。恰恰相反，还对郑军的工作给予了肯定，认为他有进取心，责任能力强，敢于接受挑战。试用期一过，郑军就顺利地转为正式员工。这以后，郑军工作上更加积极，公司也对他青睐有加。很快，郑军就独当一面，被公司任命为一家分公司的经理。

勇于挑战一些看似"不可能完成的事"，是锻炼自己能力难得的机会，长此以往，你的能力和经验会迅速提升。在完成这些艰巨任务的过程中，你可能会感到一些痛苦，但痛苦却会让你变得更加成熟。

一项对美国多个大公司 CEO 的调查表明，CEO 们最欣赏的，就是那些主动要求做某项新工作、接受新挑战的员工。无论能否做好，至少这些员工比那些只会被动接受工作的员工更令人欣赏，因为他们有勇气、有信心，而且会从尝试中学习到更多的经验，增长更多的才干。然而，具有讽刺意味的是，世界上到处都是谨小慎微、满足现状、惧怕未知与挑战的人物，而勇于向不可能挑战的人才，犹如稀有动物一样，始终供不应求，是人才市场上的"抢手货"。

勇于向"不可能完成"的工作挑战，是事业成功的基础。西方有句名言："一个人的思想决定一个人的命运。"不敢向高难度的工作挑战，是对自己的潜能画地为牢，最终使自己无限的潜能化为有限的成就。美国著名钢铁大王卡耐基在描述他心目中的优秀员工时说："我们所急需的人才，不是那些有多么高贵的血统或者多么高学历的人，而是那些有着钢铁般坚定意志，勇于向工作中的'不可能'挑战的人。"

布鲁金斯学会创建于 1927 年，以培养世界最杰出的推销员而著称于世。它有一个传统，在每期学员毕业时，都设计一道最能体现推销员能力的实习题，让学生去完成。

1975 年，布鲁金斯学会设计的题目是让学生将一个微型的录音机推销给当时的总统尼克松，这个学会的一名学员成功了。克林顿当总统的 8 年间，学会曾设计过一个题目，是让学员将一条短裤推销给克林顿总统，但是 8 年过去了，无一人推销成功。小布什当总统之后，学会又给学生的命题为：请你把一把斧子推销给布什总统。

实际上，当时的美国总统布什什么也不缺，他要一把斧子干什么？即使说他需要斧子，也不需要他亲自去购买；退一步说他就是他亲自去买了，也不一定会碰上你这个卖斧子的推销员。因而，要完成这个看似不可能完成的题目应该说是大海捞针——够难的了。

可是，有一个叫作乔治·赫伯特的学员，并不认为这个题目是不可能完成的。他首先对完成这个题目充满自信，相信自己一定能够成功。而后围绕着斧子和布什总统的关系进行了一番详细的调查研究，得知布什总统在得克萨斯州有一座农场，农场里面长着许多树木，这些树木确实需要修剪。紧接着就给布什总统写信，阐明总统需要买一把斧子的理由。布什总统接信后，也认为是这样，确实有必要买一把斧子，一来对树木进行修剪，二来锻炼身体，经常到林子里呼吸一下新鲜空气，三可以调节一下总统繁忙的生活。于是立即给这位学生寄去了 15 美元，买回了一把斧子。

乔治·赫伯特成功后，布鲁金斯学会奖给了他一双上面刻有"最伟大的推销员"的金靴子，并在表彰他的时候说，金靴奖已设置了26年。26年间，布鲁金斯学会培养了数以万计的推销员，造就了数以万计的百万富翁。这只金靴之所以没有授予他们，是因为我们一直想寻找这样一个人——这个人从不因有人说某一目标不能实现而放弃，从不因某件事情难以办到而失去自信。

　　乔治·赫伯特之所以会取得成功，是因为他在关键时刻敢于挑战"不可能"，他相信只要不自我设限，就不会再有任何限制；突破自我限创制，任何事情都不能阻止自己。

　　其实，很多看似"不可能"的事情，并不像你想象得那样复杂，困难只是被人为地夸大了。当你耐心分析、梳理，把它"普通化"后，你常常可以想出很有条理的解决方案。

　　做任何事情，只要你想去做，而且是认真地做，想尽一切办法去做，坚持地去做，没有什么事情做不到。不大可能的事也许今天实现，根本不可能的事也许明天会实现。对一个优秀的员工来说，勇于向"不可能"挑战的精神、信心和勇气，是一个员工获得成功的根本基础，也是他事业成功的重要因素。

专注才能专业，
成为行业里不可或缺的匠人

我们常说一技之长，一招鲜，吃遍天，这就是指匠人，我们也应学习这种"争做同行之最"的精神，成为精通工作的行家里手。

《庄子》一书中，有两个技艺超群的人。

一个是厨房伙计，一个是匠人。厨房伙计即宰牛的庖丁，我们前面已经提到过；匠人即那位楚国郢人的朋友，叫匠石（不一定就是石匠）。二人的共同之处，就是技艺超群，简直到了出神入化的境界。

先看庖丁，他为梁惠王宰杀一头牛。他那把刀似有神助，刷刷刷几下，一个庞然大物，便肉是肉、骨是骨、皮是皮地解剖得清清爽爽。他解牛时，手触、肩依、脚踏、进刀，就像是和着音乐的节拍在表演。更奇的是，庖丁的刀已用了十九年，所宰的牛已经几千头，而那刀仍像刚在磨石上磨过一样锋利。此时你看他提刀而立，悠然自得，又仔细地把刀擦净、收好。那神气，就如同优雅的西班牙斗牛士。

再看匠人，也许是木匠，也许是石匠，也许木石活儿都做。他的技艺也十分了得。郢人把白灰抹在鼻尖上，让匠人削掉。那白灰薄如蝉翼，匠人挥斧生风，削灰而不伤郢人的鼻子。

由此可见，掌握了一定的技能，并精通它，做事就会得心应手，游刃有余。工作中也是如此。无论你从事什么职业，都应该精通它，下决心掌握自己职业领域的所有问题，比别人更精通。如果你是工作方面的行家里手，精通自己的全部业务，就能赢得良好的声誉，也就拥有了成功的秘密武器。

西班牙著名的智者巴尔塔沙·葛拉西安在其《智慧书》中告诫人们："在生活和工作中要不断完善自己，使自己变得不可替代。让别人离了你就无法正常运转，这样你的地位就会大大提高。"

美国纽约一家五星级大酒店里，有一个叫汤姆的小厨师，他是一个普通的不能再普通的人，没有英俊的容貌，也没有高超的厨艺，所以他在厨房里只打下手。但是他会做一道非常特别的甜点：把两只苹果的果肉都放进一只苹果中，那只苹果就显得特别丰满，可是外表上看，一点儿也看不出是两只苹果拼起来的，就像是天生那样子长的，果核也被他巧妙地去掉了，吃起来特别香。

在一次偶然的机会里，一位长期包住酒店的贵妇人发现了这道甜点，她品尝后，觉得很适合自己的口味，并特意约

第四章　工匠之专注

见了做这道甜点的小厨师。贵妇人虽然长期包了一套最昂贵的总统套房，一年中也只有不到一个月的时间在这里度过，但是，她每次到这里来，都会指名点那道小厨师做的甜点。

在经济萧条的时候，酒店里总要裁去一定比例的员工。但不起眼的小厨师却从来没有被解雇，就像有特别硬的后台和背景。后来，酒店的经理告诉汤姆，那位贵妇人是他们最重要的客人，而他是酒店里不可或缺的人。

小厨师虽然很不起眼，但是他却具有别人没有的那种专业技能，所以在老板的眼里，他就是不可替代的员工。

从上面的故事中，我们可以知道这一个道理：拥有别人不具备的某种能力或专业技能，才会成为公司不可或缺的员工。

在职场中，一技之长就是你的求生本钱，掌握一向不是每个人都会的技能，使自己与他人区别开来，事实上是给自己的求生本钱增添砝码，是在给自己寻找更多的成功机会。

法国的一家工厂的电机突然间坏了，顿时停电了，一大帮技术人员围着电机团团转，就是找不出毛病，他们使尽了浑身解数仍未能解决问题。正当厂长打算另请高明时，电机组有一名基层员工毛遂自荐。

这是一个身材瘦弱矮小的年轻人，脸上还稚气未脱，穿着沾满油渍的工作服，他用一种请求但很恳切的语气对厂长说："我可不可以试试？"

许多人都瞧不起他，刚来厂里不到一年，平时闷着头也不吱声，能有什么本事？厂长也带着一种怀疑的口吻问道："你几天能修好？"

这位矮个子员工想了想，说："三天时间吧。"问他用什么工具，他说只用一把小铁锤、一支粉笔就行了。

白天，他围着电机转悠，这儿看看，那儿敲敲，晚上，他就睡在电机房。到了第三天，人们见他还不拆电机，不禁怀疑起来，他的同事让他别打肿脸充胖子了。

一位跟他最要好的朋友对他说："修不了就赶紧撒手吧！"

可是他笑着说："别着急，今晚就可见分晓。"

当天晚上，他让人们搬来梯子，他爬到电机顶上，用粉笔在外机壳上画了一条线，说："此处烧坏线圈 13 圈。"

技术人员半信半疑地拆开一看，果然如此，电机很快就修好了，并恢复了正常运行。

有人相当不解，问他为什么会做到如此神奇，他神秘地答道："精通，精通能让你解决一切问题！"

厂长觉得他是一个难得的人才，如果把他调到技术部一定会有用武之地。于是决定给他 5000 元的奖金，并从原岗位升任技术部顾问。

在这家工厂不只是他一个人，还有很多人被破格录用，他们都是自己所在领域顶级的专家，能为企业减少开支，增加效益。

在世界的任何地方，拥有一技之长的人都会受到欢迎。我国有句俗话叫作"天旱、荒年也饿不死手艺人。"一个有本事、懂技术的人，在任何时候任何地方都能有饭吃。掌握一项技能无论是对于求生还是社会上立足都是非常有帮助的。

李华在一所普通的大学读计算机专业。大学毕业之前，他进入了一家科研机构实习。刚去的时候，他没什么事可干，上司看他可怜，就随便交给他一项任务，说："三个月内完成就行，到时给你一个实习鉴定。"

在接到工作任务后，李华每天都要在电脑前工作到晚上10点多才下班，有时太晚了，无法回家，他就住在单位里。三天后，他终于顺利地完成了上司交给他的工作任务。

第四天上午，当他告诉上司任务已经完成时，上司吓了一跳，对他刮目相看。又给他几个任务，并且规定很少的时间，而他居然都会提前完成。

实习结束，上司没多说什么，但不久却径直到他的学校点名要他。

这之前，机构的上级部门很奇怪：我这里有好几个品学兼优的研究生，你都不要，却非要一个普通的大学生，不是开玩笑吧。

"不开玩笑，他有专长。"那个领导说。

后来，有一次上级临时借调他去帮忙，结果是：这个部门以前的报表都是最后一个交，并且还经常返工，但这一次，李华不仅第一个送上报表，而且一次性顺利通过。

上面点名要他，下面不愿意放，但硬是被调走了。现在他做的事情是负责为新来的研究生、本科生分配工作。

在就业竞争日益激烈的今天，李华为何如此轻松地找到了一份体面的工作？

李华总结的经验是：把自己所学的知识对应于社会工作的一个领域，并在这方面强化，找一切机会转化为实践能力。所以从大二开始，他就不再平均用功，而是开始主攻一项：数据库。那是他的兴趣，也是他认为以后用处最广的领域。

他的大部分时间都用在这上面，他几乎在上一个"数据库"研究生班。当然，他既是导师也是学生。这种主攻到了什么地步？有时，老师就让他给同学们讲，而自己在下面微笑着看他。

这样的年轻人有哪个老板不喜欢呢？

不论从事什么行业，只要想在该行业中站稳脚跟，做出一番成就，就必须具备精到的专业技能，而且还要以精益求精的态度不断提高自己的专业技能水平。专业技能的水平高低对于员工在这个行业中的成长具有关键作用。你尽可以通过自身努力、持续创新成为某方面的专家，如财务专家、市场营销专家、产品开发专家，超越一般的专业水准，形成个人的核心竞争力与差异化优势。可以说，专业技能是实现个人成长的敲门砖，无论你是普通职员，还是一个建筑工程师，都要以这块敲门砖来打开通往成功的大门。任何人都不可能脱离专业技能之本而空谈发展之路，专业技能决定了你的价值和工作职位。

在生活和工作中，我们要不断完善自己，提高自己的专业技能，使自己变得不可替代。同样的工作，用你比用别人工作会完成得更好；用你比用别人工作会完成得更快；用你比用别人完成工作所需的消耗、付出的代价更小。你对公司的价值越大，就越难以被替代。当你具有了不可替代性，就等于树起了自己的个人品牌，拥有了良好的职业生涯。

多一点工匠精神，多一点认真

工匠精神，无非"认真"二字。一方面体现在工匠工作认真，手艺精湛，能够生产出合格的产品；一方面也体现在企业不断精益求精。

为什么德国人生产的产品工艺超群卓越、稳固耐用，全球有目共睹？其主要是因为德国人有普遍的认真的精神。德国人的认真精神最直接的表现就在产品的质量上，尽心尽力对消费者负责，对社会大众守承诺。德国企业十分重视员工的技能发展，极力培养具有专门知识技能的职工团队，提高员工的质量意识，将精工细作、一丝不苟、严肃认真的工作态度传达给所有员工，并在每个关卡做好质量把关的动作，设立严格的检查制度，将优良、无瑕疵的产品交给顾客。精益求精、追求完美质量、提供一流服务成为德国员工的自觉行动。德国人对于机械领域专注投入与追求完美的热情，让德国机械业的产业标准不断提高，拥有世界顶尖的质量水平。

德国人的认真精神造就了许多世界级的公司，这些公司为德国赢得了良好的声誉和尊重。二战后的德国，可以说是一片狼藉。正是凭借着整个民族的认真精神，在很短的时间内取得了经济的腾飞。

认真是什么？认真就是不放松对自己的要求，就是严格按规则办事做人，就是在别人苟且随便时自己仍然坚持操守，就是高度的责任感和敬业精神，就是一丝不苟的做人态度。

世界上任何真正的业绩和伟大的成就，无一不是靠认真努力的工作换来的。认真，就好比人生命运的"发动机"，能激发起每个人身上所蕴含的无限潜能。一个认认真真、全心全意做好本职工作的员工，即使能力稍逊一筹，也可能创造出最大的价值。而一个人的能力再强，如果他不愿意付出努力，他就不可能创造优良业绩。

有一个老木匠做了一辈子的木匠工作，他因敬业和勤奋而深得老板的信任。当他年老力衰，对工作力不从心时，他对老板说，自己想退休回家与妻子儿女共享天伦之乐。老板十分舍不得他，再三挽留，但是他去意已决，不为所动。老板只好答应他的请辞，但希望他能再帮助自己盖一座房子。老木匠自然无法推辞。

老木匠归心似箭，心思已全不在工作上了。用料也不那么严格，做出的活也全无往日的水准。老板看在眼里，但却什么也没说。等到房子盖好后，老板将钥匙交给了老木匠。

"这是你的房子，"老板说，"我送给你的礼物。"

工匠精神
卓越员工的十项修炼

老木匠愣住了，悔恨和羞愧溢于言表。他一生盖了那么多豪宅华亭，最后却为自己建了这样一座粗制滥造的房子。

同样一个人，可以盖出豪宅华亭，也可以建造出粗制滥造的房子，不是因为技艺减退，而是因为他没有认真地对待自己的工作。如果一个人希望自己一直能有杰出的表现，就必须始终认真负责地去工作，严于律己，善始善终。否则就会像老木匠一样，辛辛苦苦一辈子到头来却因一次工作上的敷衍"糊弄"了自己。

所以，职场中容不得半点不认真。作为一名员工，自己应该做的事情一定要保质保量完成。认真，不仅是一种对待事业和人生的态度，也不仅仅是一种工匠精神，它更是一种能力。一个人想要顺顺当当地发展，就看他能不能认真地对待工作。公司给你一个工作，实际上是给了一个发展的机会，应珍惜这个机会，认真地对待工作。

张丽应聘到一家橡胶公司，试用期为 3 个月。到清一色女性的化验室工作，因为缺乏实践经验，她就认真地向这些女师傅们请教，但每一次都受到她们的讥讽。2 个月后公司改革，化验室要精简 1 人，由于业绩不佳而要开除她。还剩下 5 天的时间，张丽本来可以和公司结清工资走人，但她决定在这最后的 5 天里，把工作认真地做完。直到最后一天的下午，她仍一丝不苟，跟第一天上岗一样，把工作台洗擦得一尘不染，把自己曾经用过的烧杯和试管摆放得整整齐齐。

经理把这一切都看在眼里，于是，便留下了她。后来经理在一次会上对员工们讲："留下她是因为她认真！明天要离开而今天仍能认真地对待工作，这样的员工是非常难得的。"

"认真"是工匠精神的一种体现，同时也是一个人品行的反映。只有养成认真的习惯，我们才能充分展现自己的能力，才能在自己的职业生涯中获得成功。学会认真、养成认真工作的习惯，无疑是每个人事业道路上最重要的必修课。

海尔总裁张瑞敏曾举过一个很生动的例子，他说：如果让一个日本人每人每天擦桌子六次，日本人会不折不扣地执行，每天都会坚持擦六次；可是如果让一个中国人去做，那么他在第一天可能擦六遍，第二天可能擦六遍，但到了第三天，可能就会擦五次、四次、三次，到后来，就不了了之。为此，张瑞敏说："把一件做好就是不平凡，不能事事无所谓。""把一件事做好"，怎样做好，首要的就是认真精神和执着的精神，其次才是方法技巧问题。

俗话说，态度决定事业成败。不管人生态度有多少种，认真就是其中的最大一种。我们应该摒弃那种只求粗枝大叶的做事方式，养成认真踏实的行为习惯。

袁刚在一家贸易公司干了一年，但他对自己的工作非常不满意。于是便愤愤地找朋友大吐苦水："我在公司里的工资是最低的，而且老板对我一点也不重视，如果再这样下去，有一天我就要跟他拍桌子，辞职走人。"

他的朋友问道："你对你们公司的业务很熟悉吗？对于做国际贸易的窍门完全弄懂了吗？"

袁刚回答说："没有！"

他的朋友这样建议他："我觉得你先静下心来，认认真真地对待工作，好好地把你们单位的一切贸易技巧、商业文书完全弄明白，甚至包括如何书写合同等具体事务都弄清了之后，再一走了之，这样做岂不是既出气，又学到不少业务知识？"

听了朋友的建议，袁刚一改往日的散漫习惯，开始认认真真地工作起来，甚至下班之后，还留在办公室里对商业文书的写法进行研究。

一年之后，他的这位朋友又见他时，问他："你现在大概都学会了，可以准备拍桌子不干了吧？"

"但是，我发现最近半年来，老板对我刮目相看，对我又是升职，又是加薪的，说实话，我现在已经是公司的大红人了！"

他的朋友笑着说："这是我早就料到的！当初你的老板不重视你，是因为你工作不认真，又不精通业务；而后你痛下苦功，担当的任务多了，能力也加强了，老板自然也重用你了。"

可见，只有认真工作才可以弥补自己能力的不足，这是提高自己的最佳方法。只有认真工作，才能有所突破。认真工作的人不会为自己的前途操心，因为他们已经养成了一个良好的习惯，所以无论到哪个公司，都会受欢迎的。相反，在工作中投机取巧或许能让你获得一时的便利，但却在心灵中埋下了隐患。从长远来看，不仅没有任何好处，而且对你也是非常不利的。

认真既是一种态度，也是一种作风，发于中而见于行。毛泽东说过："世界上怕就怕'认真'二字，共产党就最讲认真。"认真的态度，才是事业成功的关键。无论你从事的是什么工作，无论你面对的工作环境是松散还是严谨，你都应该认真工作，不要等老板一转身就开始偷懒，没有监督就不工作。在工作中，你只有锻炼自己的能力，不断地提高自己，加薪升职的事才能落到你头上。反之，如果你凡事得过且过，从不认真工作，那么，等待你的将是失业。

第五章 工匠之态度

——诠释工匠精神，工作的态度决定人生的高度

"工匠精神"提倡的不是一种工作方式，而是一种工作态度，是要求个人在对待自己工作的时候，做到不敷衍、不应付，做到精益求精、专业敬业。一个人做事的"态度"，决定了他日后成就的"高度"。任何人要想完成好一项工作，都必须要有良好的工作态度和扎实的工作作风，因为只有有了一个正确的态度，才能使你做好工作及生活中的每一件事情，最后才能实现你的人生目标。

让不变的热情一直在血液中流淌

匠人的工作有时是枯燥乏味的，但他们面对固化的工作流程、工作内容和工作对象却始终充满激情、快乐地工作着，我们也要学习这种精神，在面对烦琐枯燥重复的工作时要永远保持激情，怀着"工作是一种修行"的理念，培养职业认同感，享受通过努力工作所获得的成长、取得的成绩、达成的结果。

热情是一种洋溢的情绪，是一种积极向上的态度，更是一种高尚珍贵的工匠精神，是对工作的热衷、执着和喜爱。不论我们从事的是什么样的工作，如果没有倾注全部的热情，都很难将它做好，也很难在某一领域做出成就并展现自我的价值。

美国纽约中央铁路公司前总裁弗瑞德·瑞克皮·威廉森曾说过："我越老越感到激情是成功的秘诀。成功的人和失败的人在技术、能力和智慧上的差别通常并不是很大，但是如果两个人各方面都差不多，具有激情的人将更可能如愿以偿。一个能力不足但是具有激情的人，通常会胜过能力高强但是缺乏激情的人。"

如果一个人对工作充满了激情，不管做何种工作，他都会调动一切积极因素，全身心投入，圆满地完成工作。他们通常十分热爱自己的工作，并且认为任何工作都是一定要完成的任务，如果在工作中遇到困难，他们会想尽各种办法去解决，力求尽善尽美地将任务完成。

美国成功学大师拿破仑·希尔认为，做事要有热情，才不会疲倦。热情是一种意识状态，能够鼓舞和激励一个人对手中的工作采取行动。他的写作大都在晚上进行。有一天晚上，他工作了一整夜，因为太专注，一夜仿佛只是1个小时，一眨眼就过去了。他又继续工作了一天一夜，除了其间停下来吃点清淡食物外，未曾停下来休息。如果不是对工作充满热情，他不可能连续工作一天两夜而丝毫不觉得疲倦。因此，热情并不是一个空洞的名词，它是一种重要的力量。

拿破仑·希尔的热情得益于他母亲的教诲。一个浓雾之夜，当拿破仑·希尔和他母亲从新泽西乘船渡江到纽约的时候，母亲欢叫道："这是多么令人惊心动魄的情景啊！"

"有什么出奇的事情呢？"拿破仑·希尔问道。

母亲依旧充满热情，"你看呀，那浓雾，那四周若隐若现的光，还有消失在雾中的船带走了令人迷惑的灯光，那么令人不可思议。"

或许是被母亲的热情所感染，拿破仑·希尔也着实感受到厚厚的白色雾中那种隐藏着的神秘、虚无及点点的迷惑。拿破仑·希尔那颗迟钝的心得到一些新鲜血液的渗透，不再没有感觉了。

母亲注视着拿破仑·希尔，"我从没有放弃过给你忠告。无论以前的忠告你接受不接受，但这一刻的忠告你一定得听，而且要永远牢记。那就是：世界从来就有美丽和兴奋的存在，她本身就是如此动人、如此令人神往，所以，你自己必须要对她敏感，永远不要让自己感觉迟钝、嗅觉不灵，永远不要让自己失去那份应有的热情。"

拿破仑·希尔一直没有忘记母亲的话，而且也试着去做，就是让自己保持有那颗热忱的心，有那份热情。

热情是一种强劲的激动情绪，一种对人、对工作和信仰的强烈情感。一个没有工作热情的人，不可能高质量地完成自己的工作，更别说创造业绩。只有那些对自己的愿望有真正热情的人，才有可能把自己的愿望变成美好的现实。

比尔·盖茨曾说过："每天早晨醒来，一想到所从事的工作和所开发的技术将会给人类生活带来的巨大影响和变化，我就会无比兴奋和激动。"比尔·盖茨的这句话阐释了他对工作的热情。在他看来，一个事业成功的人，对工作的热情和能力、责任、忠诚一样不可或缺。而他的这种理念，也已成为微软文化的核心，让微软王国在 IT 世界傲视群雄。

微软的招聘官员曾对记者说："从人力资源的角度讲，我们愿意招的'微软人'，他首先应是一个非常有热情的人：对公司有热情、对技术有热情、对工作有热情。可能是一个具体的工作岗位上，你也会觉得奇怪，怎么会招这么一个人，他在这个行业涉入不深，年纪也不大，但是他有热情，和他谈过之后，你会受到感染，愿意给他一个机会。"可见，对工作充满热情，这是每个有进取心的职场人士必须具备的一个重要的品质。一个没有热情的人，不会让自己的进取心和梦想像火一般地熊熊燃烧，并把这种进取心和梦想转化为对成功永不遏止的追求和卓有成效的行动。

杰克是在肯德基负责烤汉堡的工作人员。他每天都很快乐地工作，尤其在烤汉堡的时候，他更是专心致志。许多顾客对他为何如此开心感到不可思议，十分好奇，纷纷问他："烤汉堡的工作环境不好，又是件单调乏味的事，为什么你可以如此愉快地工作并充满热情呢？"

杰克说："在我每次烤汉堡时，我便会想到，如果点这汉堡的人可以吃到一个精心制作的汉堡，他就会很高兴，所以我要好好地烤汉堡，使吃汉堡的人能感受到我带给他们的快乐。看到顾客吃了之后十分满足，并且神情愉快地离开时，我便感到十分高兴，仿佛又完成一件重大的工作。因此，我把烤好汉堡当作是我每天的一项使命，要尽全力去做好它。"

顾客听了他的回答之后，对他能用这样的工作态度来烤汉堡，都感到非常钦佩。他们回去之后，就把这样的事情告诉周围的同事、朋友或亲人，一传十、十传百，很多人都喜欢来到这家肯德基店吃他烤的汉堡，同时看看"快乐烤汉堡的人"。

顾客纷纷把杰克认真、热情的表现，反映给公司。公司主管在收到许多顾客的反映后，也去了解情况。公司有感于他这种热情积极的工作态度，认为值得奖励和栽培。没过多久，杰克便升为分区经理。

工作是否充满热情，反映了一个人的工作态度和精神面貌。要保持长久的工作热情，与自身的努力是分不开的。全心全意做好自己的本职工作，工作出色了，有了业绩，自己会产生一点成就感和优越感，也就有了工作的动力。工作做好了，也会赢得别人的尊重，工作起来也会想更上一层楼。我们往往是在爬坡的时候感到干劲十足，充满热情。当爬上山顶的时候，反而觉得迷茫。所以工作达到一个阶段的时候，给自己树立新的目标，有了方向、有了动力，自然能保持高涨的工作热情。

法兰克·派特是美国著名的人寿保险销售员，他转行之前曾是一名棒球运动员。在进入职业棒球界不久，他就遭到有生以来最大的打击——他被开除了。球队经理对他说："你在赛场上慢吞吞的样子，哪像是在球场混了二十年？我告诉你，无论你到哪里做任何事，若不提起精神来，你将永远不会有出路。"

法兰克离开原来的球队以后，一位老队友把他介绍到新凡去。在新凡的第一天，法兰克的一生有了一个重要的转变。因为在那个地方没有人知道他过去的情形，他就决心变成新凡最具热情的球员。为了实现这点，当然必须采取行动才行。

在赛场上，法兰克就好像全身带电，他强力地投出高速球，使接球的人双手都麻木了。记得有一次，法兰克以强烈的气势冲入三垒，那位三垒手吓呆了，球漏接，法兰克就盗垒成功了。当时气温高达摄氏39℃，法兰克在球场奔来跑去，极可能因中暑而倒下去，但在强大的热情支持下，他挺住了。

这种热情所带来的结果，真令人吃惊。由于他在赛场上富有热情，法兰克的月薪增加到原来的七倍。在往后的两年里，法兰克一直担任三垒手，薪水加到三十倍之多。为什么呢？法兰克自己说："就是因为一股热情，没有别的原因。"

后来，法兰克的手臂受了伤，不得不放弃打棒球。接着，他到人寿保险公司当保险员，整整一年多都没有什么成绩，因此很苦闷。但后来他对工作又变得富有热情了，就像当年打棒球那样。

再后来，他是人寿保险界的大红人。不但有人请他撰稿，还有人请他演讲自己的经验。他说："我从事推销已经15年了。我见到许多人，由于对工作抱着无限的热情，使他们的收入成倍地增加起来。我也见到另一些人，由于缺乏热情而走投无路。我深信唯有热情的态度，才是成功推销的最重要因素。"

爱默生说过："有史以来，没有任何一件伟大的事业不是因为激情而成功的。"热情是经久不衰地推动你面向目标勇往直前、直至你成为生活主宰的原动力。它使你保持清醒，意志坚强；它使你全身心地投入到你选择的职业中，唯有保持对工作的热情，你才会有永不衰竭的动力；唯有热情地对待你从事的工作，你才能主动出击、脱离平庸；唯有对工作充满热情，你才能在挫折面前永不言败、笑到最后！

全力以赴地做好每一件工作

对于工作，人们常常会有两种态度。一种是尽力而为，一种是全力以赴。这两个词从字面上理解，都有努力去做的意思，但仔细品味，它们之间又有着明显的区别。尽力而为是尽力而为之，全力以赴是竭尽全力的意思，尽力而为只能让我们做完事，而全力以赴却能让我们做成事。

有这样一个小故事：

一天猎人带着猎狗去打猎。猎人一枪击中一只兔子的后腿，受伤的兔子开始拼命地奔跑。猎狗在猎人的指示下也是飞奔而出去追赶兔子。可是追着追着，兔子跑不见了，猎狗只好悻悻地回到猎人身边，猎人开始骂猎狗了："你真没用，连一只受伤的兔子都追不到。"猎狗听了很不服气地回道："我尽力而为了呀。"

再说兔子带伤终于跑回洞里，它的兄弟们都围过来惊讶地问它："那只猎狗很凶呀，你又带了伤，怎么跑得过它的？""它是尽力而为，我是全力以赴呀，它没追上我，最多挨一顿骂，而我若不全力的话我就没命了呀。"

所以，如果你以前工作中遇到过挫折和坎坷，请回想一下，是否是因为自己当时仅仅是尽力而为了却并没有全力以赴地去对待工作呢？

事实证明，以尽力而为的心态工作的人，通常要靠外在压力做事，缺乏内在动力，一旦碰到困难，就会怨天尤人、找借口或推卸责任，甚至打退堂鼓，最终做出来的结果也不太尽人意。而以全力以赴的心态工作的人，则是满怀激情，认真对待每一项工作，有必胜的信心，遇到困难不退缩，哪怕只是一点小事，都会力求把工作做到完美。由此我们可以看出，不同的工作态度必然导致不同的工作成果。

全力以赴是把工作做得更好的秘诀所在。作为一名好员工，不管做什么样的工作都要专心、细心、耐心和用心，无论做什么工作都不要轻率疏忽，要全力以赴以求达到最佳境地。这就是工匠精神。

美国参谋长联席会议前主席柯林·鲍威尔，曾是一家汽水厂的清洁工人，当时他的工作是负责把地板抹干净。柯林·鲍威尔认为这个工作单调无味，没有发展前途，所以他非常厌倦这份工作。后来，有一个朋友给他讲了一个关于掘沟人的故事。有三个人一起挖沟。第一个挂着铲子说他将来一定会做老板；第二个抱怨工作时间长，报酬低；第三个只是低头挖沟。过了若干年后。第一个仍在挂着铲子；第二个虚报工伤，找到借口退休；第三个呢？他成了那家公司的老板。故事讲完后，朋友意味深长地对他说：不管你做什么，总会有人注意的！从此后，柯林·鲍威尔打定主意，要做个最好的抹地工人。

有一次，柯林·鲍威尔刚刚将地板抹干净，有人就打碎了五十箱汽水，弄得满地都是黏糊糊棕色泡沫。他很生气，但还是忍着性子抹干净地板。过了不久，工头对他说："你抹地板抹得真干净。"第二年，他被调往装瓶部，第三年升为副工头。以后，柯林·鲍威尔始终记得这个道理：凡事全力以赴。他知道，不管我做什么，总会有人注意的！

柯林·鲍威尔的故事告诉我们：想在工作中表现得更出色，办法只有一个，那就是全力以赴地投入工作。无论做什么工作、担任什么职位，我们都要全力以赴，不要辜负自己的才能。因为没有一份工作是卑微到不值得好好去做的。

全力以赴是一种积极主动的工作态度。在工作中，一个人是否能创造出的成绩，关键的不是看他能力是否过人，也不在于外界的环境是否足够优越，最关键在于他是否对工作全力以赴的态度。只要全力以赴，即使他所从事的仅是简单平凡的工作，仍然可以在工作中创造出骄人的成绩。

查利·贝尔是麦当劳快餐连锁店新总裁，年仅40多岁，是麦当劳第一位澳大利亚老板。当年，年仅15岁的贝尔因为想挣点零用钱，无奈之中走进一家麦当劳店打工，根本没想过会在这里有什么发展。他被录用后做的是打扫厕所工作，虽然扫厕所的活儿又脏又累，但是，贝尔却干得踏踏实实。

15 岁的贝尔是个十分勤劳的孩子，经常是扫完厕所后就去擦地板，擦完地板，又去帮着翻正在烘烤中的汉堡包。无论做什么事他都非常认真，投入 100% 的精力，全力以赴，把工作落实到位。

麦当劳澳大利亚餐饮市场的奠基人彼得·里奇很快就发现并喜欢上了勤劳的贝尔。后来，里奇说服贝尔签订了员工培训协议，让贝尔接受正规的职业培训。培训结束后，里奇又把贝尔安排在店内各个岗位上。虽然只是做钟点工，但贝尔的悟性极高，没有辜负里奇的一片苦心。

在里奇的精心培养下，经过几年锻炼，贝尔已经全面掌握麦当劳的生产、服务、管理等一系列工作。19 岁那年，贝尔被提升为澳大利亚最年轻的麦当劳店面经理。

贝尔尽心尽责、忘我投入的工作精神使他实现了自己的人生价值。由此可见，做任何一项工作，重点不在于干什么，而在于怎么干。

当然，在工作的过程中，任何员工都要面对这样的事实：无数的工作障碍和壁垒像一座座不可逾越的山峰，阻碍着工作的落实。在这种情况下，只有全力以赴才能突破阻碍，从而高效率地落实工作。

全力以赴是我们能把事情做得更好的一个有力保障。当我们在面对工作的时候，全力以赴必定能创造出更好的成绩。老板喜欢的就是像这样用心投入的员工，因为你的这种精神状态，不仅会让你把工作做得更好，同样会影响到他人。

小何与小林是在同一次招聘中进入现在这家公司的。从学历、能力上来说，小何要略胜小林一筹。正如大多数老板都喜欢聪明的员工一样，这家公司的老板在开始的时候要看重小何一些。小何他们进公司没多久，他们部门的主管离职了，大多数的人都认为这个职位非小何莫属。老板却有些难以做出决定，因为他觉得小林也不错。为了能够选出一个最合适的部门主管，这位老板搞了一次主管竞争上岗的活动。他在一次例会上宣布小何与小林为主管候选人，并且给了他们一个月的期限，到时由整个部门的同事根据他们这段时间的表现，投票选举决定谁为主管。

转眼间一个月的时间过去了，投票选举结果出来了，选举小林为主管的票数远远超过小何。老板便当众宣布小林为这个部门的新主管。

小何心中不服，认为自己的学历和能力都要比小林强，他才是真正适合这一职位的最佳人选，认为这次选举不公平。他找到了老板，把自己的想法说了出来。没料到原本支持小何的老板在这个时候变得支持小林，他对小何说，这次的选举是公平公正的。他们这一个月的表现不但告诉了他，并且告诉了整个部门的所有员工，谁才是真正适合他们的主管。

究竟是什么原因促使原本大有希望的小何与主管这一职位擦肩而过呢？其实起着决定作用的并不是学历和能力，而是他们面对工作的态度。小何输就输在没有像小林那样专心致志，全力以赴地工作，而是万事只求一个过得去，差不多就可以了。

任何工作我们都能把它做得更好，关键是看我们用尽力而为的工作态度还是全力以赴的工作态度而已！如果我们在工作中时刻保持最佳的工作状态，无论做什么事都全力以赴，追求尽善尽美，那么就能在最短时间获得成长和发展的机会，为自己的成功踏踏实实地奠定基础。

日本有句这样的俗语："先尽人事，后待天命。"不管是在什么时候，一个人都应该尽自己最大的努力做好他应做的一切。这并不是说只要尽了人力，事就一定成。除了人的因素之外，还有高高在上的强大力量，你可以把它叫做命运或机遇，这是你我各自不同的，每个人都应率真地听从于它。因此，无论身处怎样的境遇，遭遇怎样的困难，都不要放弃努力，而应该竭尽全力做到最好。

全力以赴，潜能才可尽显。如果你想获得事业的成功，你就必须全力以赴地对待任何一件事，哪怕是一件小事情。一个人如果能以身作则，全力以赴，充分发挥自己的特长，那么，即使是做最平凡的工作，也能成为最精巧的工匠；如果以冷淡的态度去做，哪怕是从事高尚的工作，也不过是个平庸的员工。

谨记"日事日清"工作法则

拖延，一向是人类的大敌，这也是与工匠精神相违背的。清朝人文嘉有一首著名的《今日歌》，其内容是："今日复今日，今日何其少，今日又不为，此事何时了？人生百年几今日，今日不为真可惜，若言姑待明朝至，明朝又有明朝事。为君聊赋《今日诗》，努力请从今日始。"这首诗歌告诉人们：一定要珍惜今天，做到日事日清。

日事日清，是我们提高工作效率保证落实的重要途径与方法。今日之事，今日尽可能的完成它，否则，就会将今天的工作拖延到第二天。昨日之事昨日死，今日之事今日生，每一天都会有许多不同的问题等待我们去解决，如果事情累积，就会影响工作的进度和质量，而由此将会为你的工作带来一系列的麻烦。这是职场禁忌，也是个人工作表现的最关键因素之一。

海尔集团的CEO张瑞敏在海尔推行了"日事日毕，日事日清，日清日高"的制度。就是在海尔内部建立一个每人、

工匠精神 卓越员工的十项修炼

每天对自己所从事的工作进行检查、清理的"日日清"控制系统。案头文件，缓办的、急办的、一般性材料的摆放，都是有条有理、井然有序。

"日日清"系统包括两个方面：一是"日清日高"，即对工作中的薄弱环节不断改善、不断提高，要求职工"坚持每天提高1%"，70天工作水平就可以提高一倍；二是"日事日毕"，即对当天发生的各种问题在当天必须弄清原因，分清责任，并及时采取措施进行处理。比如工人使用的"3E"卡，就是用来记录每个人每天对每件事的日清过程和结果。

对海尔的客服人员而言，客户提出的任何要求，不管是大事，还是"鸡毛蒜皮"的小事，工作责任人必须在客户提出的当天给予答复，与客户就工作细节协商一致。然后再毫不走样地按照协商的具体要求办理，办好后必须及时反馈给客户。假如遇到客户投诉、抱怨，需要在第一时间加以解决，自己不能解决时要及时汇报。

1999年7月中旬，美国洛杉矶地区的气温高达40多度，路上的行人很少，因为没有人愿意在这么热的天气里活动。一次，因运输公司驾驶员的原因，运往洛杉矶的海尔洗衣机零部件多放了一箱，这件事本来不影响工作，找机会调回来即可，但美国海尔贸易有限公司零部件经理丹先生却不这么认为，他说：当天的日清中就定下了要调回来的内容，哪能把当日该完成的工作往后拖呢？！于是丹先生冒着酷暑把这箱零部件及时调换了回来。

正是因为海尔集团有着这样一种绝不拖延，"日事日清"的精神，海尔的服务被评为"5A钻石服务"，海尔的产品成为了世界一流的产品。

海尔建立"日事日毕，日事是清，日清日高"制度是对时间的珍惜，同时也是对客户负责的一种态度。不管是对自己的工作，还是对客户的服务，所有的事务都是要在一定的时间内完成才有一定的意义。实际上，海尔的成功在于他们充分认识到了"日事日清"的重要性，他们在提高自己的同时，也得到了客户的信任。

"今日事今日毕"的工作原则不仅对于企业管理很重要，对于员工个人来说也非常重要。坚持这个原则，可以保证我们的工作井然有序且能保质保量地完成。一个有着"今日事今日毕"习惯的员工，他的魄力、能力、工作态度及负责精神都将会为他带来巨大的收益。

瑞士著名教育家裴斯泰洛齐说："今天应做的事没有做，明天再早也是耽误了。"的确，现在该做的事，现在就做。上午要做完的工作，上午一定完工。今天要完成的工作，今天一定完成。这是按计划、分步骤达到成功的唯一做法，也是所有优秀员工共通的工作原则。

联邦快递员工的核心理念是隔日送达，隔日一定要送达，无论碰到什么麻烦和问题。联邦快递曾在其公司网站上张贴了几个故事来阐明其核心理念：隔日送达。

一天，公司的一个驾驶员克劳尔，来到美国铝业公司装运一批必须当晚运出的车轮。然而，车轮的重要部件之一很晚才运达。克劳尔没有等待和观望，而是积极帮助安装，并为车轮加上润滑油，使得这批车轮得以按时运出。

在一次出班中，史蒂芬驾驶的货车过热，他通过不断给散热器加水完成了运输任务。回到运输站后，他将另外一批待运的包裹装上另一辆货车，但这辆货车也抛锚了。于是，史蒂芬向一位客户借了一辆自行车，将联邦快递公司的板条箱放入自己的背包里，然后将包裹装入其中。在炎热的天气里，史蒂芬骑着自行车，在陡峭的山丘上上下下，共行进了10英里，最终运完了自己负责的货物。然后，在休息的间隙，他又徒步行走了2.2英里去装运另一批货物。

隔日送达是联邦响亮的服务口号，为了兑现这一承诺，全面推进企业战略，每一个联邦快递人都要绝对执行，背负着强烈使命感的联邦快递人用自己坚决执行的行动捍卫了公司的使命。

今日事今日毕是一种良好的工作习惯，也是一种积极的工作态度。工作中，如果你将"今日事今日毕"养成一种习惯，将会使你受益无穷。今日事今日毕，不仅可以加快你的办事速度，而且可以使你享受到完成任务的喜悦。

今日事今日毕是工匠精神的表现。你可能没有丰富的学识，也没有不同凡响的能力，但只要坚持做到"今日事今日毕"，你就是一个优秀的员工。当你养成"今日事今日毕"的工作习惯并把它当作自己的行为准则时，你离成功就不远了。

不敬业，就别谈工匠精神

工匠精神落实到个人层面，其实就是一种敬业精神，就是爱岗敬业，对每个人所从事的工作锲而不舍，对质量的要求不断提升，在每一个工作岗位上的每一件事都不能放松。

爱岗敬业是一种工作态度，更是一种人生态度。当我们把爱岗敬业当作一种人生追求时，就会在工作上少一些计较，多一些奉献；少一些抱怨，多一些责任；少一些懒惰，多一份上进，享受工作带来的快乐和充实。皮尔·卡丹曾经对他的员工说："如果你能真正地钉好一枚纽扣，这应该比你缝制出一件粗制的衣服更有价值。"更深一层地理解这句话应该是：行使自己的工作职能，无论自己的工作是什么，重要的是你是否做好了你的工作。

有一个日本女大学生，利用假期到东京帝国饭店打工。她在这个五星级饭店里所分配到的工作是洗厕所。

第一天上班，当她伸手进马桶刷洗时，她差点当场呕吐。勉强撑过几日后，她实在难以为继，决定辞职。但就在此关键时刻，大学生发现，和她一起工作的一位老清洁工，居然在清洗工作完成后，从马桶里舀了一杯水喝下去。大学生看得目瞪口呆，但老清洁工却自豪自在地表示，经他清理过的马桶，干净得连里面的水都可以喝下去的！

这个举动给女大学生很大的启发，令她了解到所谓的敬业精神。此后，再进入厕所时，大学生不再引以为苦，却视为自我磨炼与提升的道场，每清洗完马桶，也总自问：

"我可以从这里面舀一杯水喝下去吗？"

假期结束，当经理验收考核成果，女大学生在所有人面前，从她清洗过的马桶里舀了一杯水喝下去！这个举动同样震惊了在场所有人，尤让经理认为这名工读生是他们需要的人才！

毕业后，大学生果然顺利进入帝国饭店工作。

正是这种对工作全身心投入，一丝不苟的敬业精神，使她迈好了人生的第一步。有了这种精神，她可以克服工作中所有的困难，从此她踏上了成功之路，开始了她人生不断从成功走向辉煌的历程。几十年的光阴很快就过去了，后来她成为日本政府内阁的主要官员——邮政大臣，并得到小泉首相赏识。

这位女大学生的名字叫野田圣子。

在工作中，一个人要想取得成功，离不开爱岗敬业的精神。爱岗敬业是人们做好本职工作的必备素质，也是激发创造热情、取得突出业绩的前提。只有爱岗敬业的人，才会在自己的工作岗位上勤勤恳恳，不断地钻研学习，一丝不苟，精益求精，才有可能无怨无悔地执行任务，为企业做出崇高而伟大的奉献。

敬业就是对工作认真负责的态度，尊重自己的工作，对自己提出比别人更高的标准，工作时投入自己的全部身心，甚至把它当成自己的私事，无论怎么付出都心甘情愿，并且能够善始善终，把工作做到合乎完美的程度的一种追求。如果一个人能这样对待工作，那么就会有一种神奇的精神力量支撑着他的内心，使他尽善尽美地完成自己的工作。搜狐公司总经理张朝阳曾说过："我们公司选聘人的标准是敬业精神，当然，辞退的原因也和敬业有关。我认为，一个人的工作是他生存的基本权利，有没有权利在这个世界上生存，要看他能不能认真地对待工作。能力不是主要的，能力差一点，只要有敬业精神，能力会提高的。如果一个人本职工作做不好，找别的工作、做其他事情都没有可信度。如果认真做好一个工作，往往还有更好的、更大的工作等着你去。这就是良性发展。"

查理在一家高科技公司的收发室工作，是一个临时工。近一段时间，公司要进行人事改革、机构调整，目前正处于人员去留不定的等待阶段。由于公司对人才素质要求很高，许多年轻的大学生都认为自己有可能被淘汰，在还没有得到确切消息之前，他们就干脆不来上班了。

查理心里知道，像他这样的临时工，公司是绝对不会留用的，更应该早做打算。但是，在还没有交接钥匙之前，他不想丢弃自己分内的工作。他依然像往常一样勤奋地工作着，及时地把报纸、信件送到各个部门后，又马不停蹄地为自己增加了一份额外的工作——替各个办公室搞起卫生，因为人员浮动，连卫生工作都没人安排了，查理默默地主动担当这项工作。

时间的脚步永远不会停滞不前，交接的这一天终于到了，查理知道自己真的要和这份工作说再见了，他决定坚持做好最后一次。查理干得格外认真、仔细，甚至为将要接替他工作的人画好了去各个部门的线路图。这时，有个年轻人来到收发室问他："许多人早就不来了，你怎么坚持到现在还在工作？"查理说："今天是我干这份工作的最后一天，明天我也不来了，但是我把今天的事情做完、做好了，走时心里才踏实。无论做什么，总得要有始有终吧。"年轻人没说话，点点头走开了。

查理继续做着他的事情，他把收发室收拾得干干净净，一尘不染，又把桌凳上稍微有点松动的螺丝拧紧一些，把盛放报纸的壁橱再次整理一番，直到下班，他到接收办公室交钥匙时，还不忘给阳台上的花草浇浇水。

第二天，是公司宣布留用人员名单的日子，大家惊奇地发现，竟然有查理的名字！原来，和查理谈话的年轻人就是公司的新任董事长。他在当天全体员工大会上郑重宣布："公司需要做事认真，有责任心，爱岗敬业的员工，查理就是一个对工作敬业的典型。不爱岗的人必然下岗，不敬业的人肯定失业。"

敬业是积极向上的人生态度。一个敬业的员工会将敬业意识内化为一种品质，实践于行动中，做事积极主动，勤奋认真，一丝不苟。这样他不仅能获得更多宝贵的经验和成就，还能从中体会到快乐，并能得到同事的钦佩和关注，受到老板的重用和提拔。懂得敬业，具有敬业精神是你在事业上迈出的第一步，在职场中搏杀的人士要不断思考这一问题并培养自己的敬业精神。

在一所大医院里，有位外科护士首次参与外科手术，在这次腹部手术中负责清点所用的医疗器具和材料。在手术就要结束时，这位护士对医生说："你只取出了十一块纱布，而刚才我们用了十二块，我们得找出余下的那一块。"医生却说："我已经把纱布全部取出来了，现在，我们来把切口缝好。"那位新护士坚决反对："医生，你不能这样做，请为病人着想。"

医生眼里顿时闪出钦佩的光彩："你是一个合格的护士，你通过了这次特别的考试。"原来，精明的医生把第十二块纱布踩在了自己的脚下，当他看到新来的护士如此认真时，他高兴地抬起了脚，露出了那第十二块纱布。

兢兢业业做好本职工作是敬业精神最基本的一条。通用电气总裁杰克威尔奇曾说过："任何一家想靠竞争取胜的公司必须设法使每个员工敬业。"对于员工来说，如果没有敬业精神，就不可能把工作做好，这也阻碍他们潜力的发挥。一个人放弃了自己的职能，就意味着放弃了自身在这个社会中更好生存的机会，就等于在可以自由通行的路上自设路障，摔跤绊倒的也只能是自己。

敬业是易事，因为每个人都可以做到，但是敬业也是难事，因为不是每个人都能做到；敬业是小事，因为它很难马上体现在薪资的涨跌上，但是敬业也是大事，因为它关系一个人职业生涯的兴衰。所以，无论你在何时何地，也无论你从事什么样的工作，都应该尽职尽责地投入其中。

敬业是任何一份职业都需要的职业道德，是将工作做好的最直接的能力。敬业的人怀着一种对职业的敬仰，才能在工作中充分发挥自己的潜力，找到自己的价值。如果你在工作上能敬业，并且把敬业变成一种习惯，你会一辈子从中受益。

踏踏实实，不要好高骛远

一流的"工匠"都是踏实、勤奋、务实的，他们能耐得住寂寞，执着于简单的事情重复做，以踏实努力练就了技艺的炉火纯青、登峰造极。作为职场人，我们更应该杜绝浮躁，摒弃好高骛远，踏实努力，埋头苦干，以实干、踏实练就自己的"真本事"。

一位哲人说过："无知和好高骛远是年轻人最容易犯的两个错误，也是导致他们一无所获的原因。"许许多多的人内心充满遥不可及的梦想与激情，可当他们面对平凡和烦琐的工作时，就会无计可施。眼高手低，是职场中很多人的通病。

现实中眼高手低的人为数不少，这种人老盯着高职高薪，小事不屑一顾，即使做了，感情上老大不情愿，心理上也觉得英雄无用武之地。当然有这样心态的人恐怕连小事都干不好，怎么能干大事呢？尤其新参加工作的人经常对枯燥单调的事务性工作不屑一顾，认为自己是学什么什么专业的，自己干这些具体的工作是大材小用，委屈了自己，埋怨这样干下去毫无前途。结果真正给他重要事情干的时候，往往因为缺乏经验和能力而什么都干不了。

有一位刚刚从美国读完 MBA 回国的男青年，由于自身条件优越，他毫不费力地进了一家外企公司，老板刚开始总把一些鸡毛蒜皮的小事交给他做，他有点不满意，在一次计划书的招标会上，他把自己熬了几夜精心准备的材料交了上去，满以为可以博得老板的赏识。没想到会议结束后就收到了人事处的解聘通知。原来，他因为不在乎那些鸡毛蒜皮的小事，总是马马虎虎、草草了事，把"进口"误以为是"出口"，使公司在利益和信誉上蒙受了双重损失。

工作中，总会很多人和故事中的男青年一样，他们一进公司，就非常"眼高"，急于表现自己的才能，会提出一些激情冲天、大而无当、不切实际的计划。结果证明往往非常"手低"，以失败告终。大事干不来，小事不愿干，眼高手低使许多人遭遇工作的尴尬。

杨利是一家毛织厂的员工，自进入公司以后，她一直从事织挂毯的工作。做了几个月之后，杨利再也不愿意干这种无聊的工作了，她认为自己并不比别人差，她出来工作绝不是为了干这些小事，应该干那些大事。于是，她去向主管递交辞呈。主管问她为什么辞职，她低声地叹气道："这种事情没有一点意思，整天只能机械地打结、剪线，没完没了地重复，这种事完全没有意义，真是在浪费时间。我想干一些

工匠精神
卓越员工的十项修炼

有意义的大事。"

主管意味深长地说："其实，你的工作很有意义，别看你干的是一些小事，但你织出的很小的一部分却是十分重要的一部分。"

接着，主管把她带到仓库里，在挂毯面前，年轻的杨利愣住了。

展示在她面前的是一幅美丽的百鸟朝凤图，而她所织出的那一部分正是凤凰展开的美丽的羽毛。她没想到，在她看来没有意义的工作竟然这么重要。

工作中的每一件事都值得你去踏踏实实地做好、做到位，不要让好高骛远的态度束缚了你的手脚。世界上只有卑微的人，而没有卑微的工作，任何工作都是高尚的，都值得我们去做。即便是最普通的工作，你也要认真地完成。要知道，每一项普通的工作都可能成为你的机会。

有一位学经济学的博士生，在学术界很有名气，但是让人难以理解的是，在他毕业后的三年里，走马灯似的换了好几个单位，每次都因为这样那样的原因待不下去，最后只好辞职。

他很苦恼，他问自己："我工作非常努力，可为什么单位总是对我先热后冷，最后一点也不认可我呢？"

原来，这位博士毕业后便开始找工作。刚开始时，应聘单位一听说他是博士头衔，都争相聘请他，于是，他选择了其中不错的一家单位。到单位上班后，他觉得自己是一个博士生，自然就免不了处处挑剔，久而久之，手中的工作迟迟也没有取得什么实质性的成果。

就这样过了三个月，单位对他的态度急转直下，因为没有创造出价值，领导对他的能力开始产生了怀疑。

不仅如此，因为过于骄傲，不合群，同事也开始疏远他，不愿和他一起做事。

这样一来，他自然也被公司辞退了。

后来，他又到了另外一家公司当部门经理。吸取了上次的教训，这次他表现得对谁都很客气，但从骨子里，他还是谁也瞧不起。有这样的心态存在，工作自然还是做不好，没多久，他又一次被辞退。之后，他又去过几家单位，但每次都是大同小异，过不了几个月就被辞退。

虽然博士生，携带着大量的"知本"，但他如果不能脚踏实地地为公司创造出"资本"，也只能黯然离开。

工作中，一味地好高骛远，不从实际出发，只能处处碰壁。只有对现有的工作有一个正确的态度，并视之为理想岗位的"阶梯"，脚踏实地地干好工作，通过自己卓有成效的努力，才能使事业一步一步走向辉煌。

踏踏实实工作，是一名员工最起码的工作态度，也是职场最基本的要求。你可以能力低于别人，但如果你连脚踏实地去工作都做不到，那么你的工作是存在风险的，职位也是不牢固的。一个做事踏实的人，凡事都能尽心尽力去做，这样的员工是受老板青睐的，也是有前途的。职场上，踏实工作对于员工来说，不仅仅是为了对老板有个交代，更重要的一点是，踏实地工作是一种使命，是一个职业人士应具备的职业道德。在工作中，我们面对各种各样的问题和矛盾，要处理各种各样的工作，以什么样的态度和方式处理工作，解决工作中出现的问题，反映着一个职场人的核心素质，也决定着一个人能否在职场上立于不败之地。如果你在工作上做事稳重，不急躁，认认真真，踏踏实实，你会一辈子从中受益。

王强是某师范院校企业管理专业毕业生，开始找工作时，把自己定位成一名酒店管理人员，参加招聘会时，非酒店管理的岗位不投简历。可用人单位看过他的简历后，大多以"没有工作和管理经验，目标定得高，工作时很可能眼高手低"为由拒绝录用。在经历数次挫折后，王强一度失去了信心。

后来，王强深刻反省了面试失败的教训，觉得自己定位较高，职业规划不切实际。于是，他自降"身价"，求职时表示愿意从酒店底层做起，很快被一家酒店录用。3个月后，熟悉酒店流程，有了工作经验的王强荣升大堂经理。

每个职场人都应该意识到：工作是很朴素的。无论是什么样的工作，哪怕只工作了三天，哪怕做最琐碎的事，也能够有三天的收获。以开放的心态用心学习，学习细节、流程中的知识，分析和借鉴别人的思维方式、行为方式，每天踏实做事，那么无论从事什么样的工作，都会取得很有价值的成果。有人说，就算我们到最后什么都失去了，但至少我们还有踏踏实实的工作态度。的确，踏实的态度，永远是你成功的基础。

脚踏实地，刻苦磨炼，才能成就自己的美好人生。如果想在成功之路上走得更远，务必要有踏踏实实的人生态度和事业态度作坚实的支撑。每个人的成功都源于自身的某个独到之处。在职场中，只有具备踏实的态度，只有踏踏实实做事才能收获价值，那些好高骛远、眼高手低者最终都会被淘汰。

在工作中，我们需要改变眼高手低、好高骛远的毛病，注重细节，从小事做起。在今天这个社会，几乎所有的员工都胸怀大志，满腔抱负，但是成功往往都是从点滴小事开始的，甚至是从细小至微的地方开始。只有把小事做好，才能真正地干成大事。固守自己的本分和岗位，从普通的工作认真做起，付出自己的热情和努力，才能在竞争日趋激烈的职场中获得成功。

一流的工匠总是用高标准要求自己

为了打造出行业中的顶尖产品，工匠们总是以极致的心态去做产品，以更高的的标准来要求自己。这也是工匠精神的精髓所在。工作中，我们也应该用最高的标准要求自己，养成认真严谨的工作态度。要完成100%而绝不只做到99%，因为只有做到100%才算合格，你的工作才算到位。

只有高标准要求自己，才能使工作更加完美做到更好。我们的工作每个环节都是非常重要的，高标准的要求告诉我们在工作中绝不能随意地应付了事，工作中无小事，每一项工作都是牵一发而动全身的，只有终使保持如履薄冰的工作态度，高标准地要求自己，做任何事情都要精益求精。

台北阳明山上的一栋别墅正在搞装修，许多工人在别墅中忙碌着。59岁的瓷砖师傅吴清吉正蹲在地板上，专注地丈量瓷砖的水平线。由于市场的不景气，许多建筑师都失业了，但吴清吉的工作时间表却安排的满满的。这些年来，他一直为台湾各地区的豪宅搞装修。他的装修费用比一般的装修师傅的价格要高出许多，请他装修要等待的时间也很长，但请他的人却愿意排队等待。他只有小学文化，年纪也到60岁了，却如此受顾客欢迎，原因是他总是以高标准来要求自己和工作。

在工作中，以最高的标准要求自己，就意味着做到让客户100%满意，让客户感到超值的服务，这也是优秀员工工作的唯一标准。这样的标准在实际工作中一方面将造就优秀的员工，另一方面将造就成功的企业。

泰国的东方饭店堪称亚洲饭店之最，天天宾朋满座。如不提前一个月预订是很难有机会入住的，而且客人大都来自西方发达国家。东方饭店的经营如此成功，是有特别的秘诀吗？不是。是他们有独到的促销手段吗？也不是。那么，他们究竟靠什么获得骄人的业绩呢？要找到答案，不妨先来看看一位国内的李先生入住东方饭店的经历。

因为公司与泰国有业务往来，第一次下榻东方饭店的李先生就感觉很不错，第二次再入住时，楼层服务生恭敬地问道："李先生是要用早餐吗？"李先生很奇怪。反问："你怎么知道我姓李？"服务生说："我们饭店规定，晚上要背熟所有客人的姓名。"这令李先生大吃一惊，虽然他住过世界各地无数高级酒店，但这种情况还是第一次碰到。

李先生走进餐厅，服务小姐微笑着问："李先生还要老位子吗？"李先生的惊讶再次升级，心想尽管不是第一次在这里吃饭，但最近的一次也有一年多了，难道这里的服务小姐记忆力那么好？看到他惊讶的样子，服务小姐主动解释说："我刚刚查过电脑记录，您在去年的6月8日在靠近第二个窗口的位子上用过早餐。"李先生听后兴奋地说："老位子！老位子！"小姐接着问："老菜单，一个三明治，一杯咖啡，一个鸡蛋？"李先生已不再惊讶了，"老菜单，就要老菜单！"上餐时餐厅赠送了李先生一碟小菜，由于这种小菜他是第一次看到，就问："这是什么？"服务生后退两步说："这是我们特有的某某小菜。"服务生为什么要先后退两步呢，他是怕自己说话时口水不小心落在客人的食品上。可以说这种高标准的服务不要说在一般的饭店，就是在美国顶尖的饭店里李先生都没有见过。

后来，李先生有很长一段时间没有再到泰国去。但在他生日的时候却突然收到了一封东方饭店发来的生日贺卡，并附了一封信。信上说东方饭店的全体员工十分想念他，希望能再次见到他。李先生当时激动得热泪盈眶，发誓再到泰国去，一定要住在"东方"，并且推荐自己的朋友像他一样选择"东方"。

其实，东方饭店在经营上并没什么新招、高招、怪招，他们采取的都是惯用的传统办法，向顾客提供人性化的优质服务。只不过，在别人仅局限于达到规定的服务水准就停滞不前时，他们却进一步挖掘，按最高标准要求自己，抓住许多别人未在意的不起眼的细节，坚持不懈地把最优质的服务延伸到方方面面，落实到点点滴滴，不遗余力地推向极致。由此，便轻而易举地赢得了顾客的心，天天爆满也就不奇怪了。

韩国现代公司的人力资源部经理在谈到对员工的要求时是这样认为的："我们认为对员工的最高要求是，他们能够自己在内心中为自己树立一个标准，而这个标准应该符合他们所能够做到的最佳的状态，并引领他们达到完美的状态。"

　　在现时代的各种公司中，公司对员工的要求已经由原来规定的怎么做，员工只要老老实实照做，变成了员工自我加压、自我完善。而这样的转变则要求员工必须对自己先提出超过客户、上级、事业本身所期望的工作要求，才能获得更多的认同与他人支持，也才有可能取得令人惊喜的成绩。优秀员工永远主动地做足自己应该做的工作，并且预先自己主动提高工作要求，让人感觉到他做得"永远比你期望的多一点点"。这样一种工作的自我期许和要求，在工作方向和方法正确的情况下，自然会产生更令人振奋的工作成果。

　　俞敏洪创办新东方的时候，旁边也有一个英语培训班，办得比俞敏洪好。他们经常说："咱们虽然不是最好的，但总比新东方要好得多。"俞敏洪听说这话后很不服气："我们把他们的标准拿过来，他们能做到，咱们也一定能做到，就不信不能超过他们！"妻子说："你照搬别人的标准，做到最好，也不过和他们一样，怎么超过他们？"俞敏洪恍然大悟，他下大力气搜集北京办得好的培训班的信息，兼容各家之长，制订了新东方各方面高于同行的标准，并严格执行。很快，新东方就声名鹊起，在北京众多培训班中成为领跑者。

在激烈的职场竞争中，"做得最好"才能成功，才具有更大的竞争力。事物永远没有"够好"的时候，要不断追求完美，让它"更好"。市场是残酷的，有时可能只比竞争对手稍逊一点点，就可能被淘汰出局。"我已经做得够好了"，说明你还没有达到极致，竞争力还不够。所以，我们要以更高的标准来要求自己。一个人在做任何事情的时候都不要蜻蜓点水，浅尝辄止，要力争以更高的标准来要求自己，尽心尽力做好每一件事。人，只有不断地追求，不断地严格要求自己，提高自己的人生标准，才能取得非凡的成就。

罗文在送信给加西亚的时候，为自己设定了一个工作的最高标准：不推脱、不敷衍、尽全力。这样的人是一种异常优秀的人，他们不仅仅会按别人的要求把自己的工作做到位，而且会出人意料地做得非常完美。

事实上，那些能够以高标准要求自己的人，都以自己从事的工作及自己所能取得的卓越工作成果为乐，虽然艰苦的工作过程是辛劳的，但他们自能从工作的快速进展和他人赞许的反馈中获得正面的自我激励。正如一些成功者所说，成功者必须自己是自己的"发动机"，成功者发动别人，但更重要的是要先发动好自己。没有内在的动力的人们就会惰怠，难以发挥出自己本来的能力和工作水平，本可完全到手的成功就会与之失之交臂。成功者与失败者的差异也在于是否真正高标准要求自己了没有，在于有没有按照高标准去真正努力。

因此，只要我们坚持用高标准来要求自己，我们的工作质量和工作水平就会不断提高，我们的工作就会取得圆满的结果。

第六章 工匠之责任

——用责任托起梦想，有责任心的工匠是这样炼成的工匠精神是一种责任，任何时代都需要。传统的工匠精神要求精益求精，但当今时代提倡的工匠精神不单纯指某一类别的工匠，不是狭义上的工艺美术、手工艺，而是更广义的概念，是对社会文化的责任心。不管哪　行，都要精益求精，这其实是对工作的负责。只有专心致志，才能匠心独具；只有认真负责，才能精益求精。

工匠精神是一颗责任心

对工匠来说，最重要的是什么？无疑是责任心。只有对自己的产品，对自己的工作有高度的责任心，才会打造一流的产品。过去的工匠，从拿到材料开始就心存敬畏，他们相信万物有灵。对材料运用就变得慎重、负责。这种敬畏其实就是责任心，只是，敬畏比责任心更多了一些精神信仰。而现在的年轻人学手艺，因为还没学到精髓，就很难领悟这种敬畏感。所以一个匠人，首先要有责任心，然后才能从精神层面去追求更高层次的信仰。这个不仅仅是匠人，所有人都要有。

责任心是做好工作、成就事业的前提条件，是员工必须具备的基本素养。一个人要干好自己的本职工作，就要有高度的责任心，就要以生生不息的精神、火焰般的热情去做好每一天的工作。

甲、乙、丙3个人同时应聘一家建筑公司，经过多轮淘汰，这三人从众多的求职者中脱颖而出。人力资源部经理接见了他们，他说："恭喜你们，请随我来。"于是，他们跟随经理来到工地。工地上乱七八糟地摆放着三堆散落的红砖。人力资源部经理指着这些砖头对他们说："你们每人负责一堆，将红砖整齐地码成一个方垛。"然后他在3个人疑惑的目光中离开了工地。甲对乙说："我们不是已经被录用了吗？为什么将我们带到这里？"乙对丙说："我又不是来做工人的，经理是什么意思啊？"丙说："不要问为什么了，既然让我们做，我们就做吧。"然后带头干起来。甲和乙看到丙已经开始干起来，只好硬着头皮跟着干起来。还没完成一半，甲和乙就坚持不住了，甲说："经理已经离开了，我们歇会儿吧。"乙跟着停下来，丙却丝毫不为所动，仍然保持着同样的节奏。

当那位布置了看似完全不合理的任务经理回来时，丙只剩下十几块砖没有码齐，甲和乙却只完成了1/3的工作量。经理对他们说："下班时间到了，下午再接着干。"甲和乙如释重负地扔掉了手中的砖，丙却坚持将最后的十几块砖码齐。

回到公司后，人力资源部经理郑重地宣布："本公司这次招聘只聘用一位设计师，取得这一职位的是丙。相对于学历、能力、阅历、背景等，我们最看重的是一个人的责任心。"

一个人的能力有大小，见识有高低，但责任心却是平等的。有责任心才会严格要求自己，要用"高投入"磨炼自己，用高标准反省自己，追求工作的精确性和完美性。

一位曾多次受到公司嘉奖的员工说："我因为责任感而多次受到公司的表扬和奖励，其实我觉得自己真的没做什么，我很感谢公司对我的鼓励，其实担当责任或者愿意负责并不是一件困难的事。如果你把它当作一种生活态度的话，你就更加不会轻易地推卸责任。"

其实，在很多成长教育中，就有关于承担责任而不推卸责任的训练。注意生活中的细节就有助于责任的养成。大家都说习惯成自然，如果责任也成为一种习惯时，也就慢慢成了一个人的生活态度，你就会自然而然地去做它，而不是刻意去做。当一个人自然而然地做一件事情时，当然不会觉得麻烦，自然也就不会想着如何去推卸它。当你意识到责任在召唤的时候，你就会随时为责任而放弃别的什么东西，而且你不会觉得这样放弃对你来讲很不容易。

责任到来时，你不能推卸，因为它能让你战胜胆怯，让你所做的事情更富价值和意义。而且，一个人的责任感可以让别人也懂得什么是责任。一个人承担起责任，并时时保持一种高度的责任感，会让其他的人受到感染，树立起自己的责任感。虽然承担责任不是做给别人看的，但是一旦你做到了这一点，就会影响到其他的人。别人可能没有你做得好，但只要做了，就能看出他已经意识到自己的责任了。这是责任的力量。

第六章　工匠之责任

一个主管过磅称重的小员工，由于怀疑计量工具的准确性，自己动手修正了它。结果由于精确度提高了，公司就在这个方面减少了许多损失。其实修理计量工具并不是这个小员工的职责，他完全可以睁只眼闭只眼，因为这本属于机械师的责任，而且无论这个秤准不准都不会对他的工资造成影响。但是这位小员工并没有因此就不闻不管，听之任之，本着为公司负责的态度，他积极地纠正了这一偏差。正是由于这个小员工的这种责任心，为公司节省了巨大的费用。

责任感是人走向社会的关键品质，是一个人在社会上立足的重要资本。一个单位总是希望把每一份工作都交给责任心强的人，谁也不会把重要的职位交给一个没有责任心的人。

有责任感的员工都不会推脱他们所应负的责任，他们深知，责任就像杜鲁门总统的座右铭那样："责任到此，不能再推！"

主动要求承担更多的责任或自动承担责任，是我们成功的必备素质。人们能够做出不同寻常的成绩，是因为他们首先要对自己负责。没有责任感的工匠不是好工匠，没有责任感的员工不是优秀的员工。

罗伯特收到了著名的哈佛大学的录取通知书。但是，因为家穷，他交不起学费，面临失学的危机。他决定趁假期去打工，像父亲一样做名油漆工。这天，罗伯特接到了为一大栋房子做油漆的业务，尽管房子的主人迈克尔很挑剔，但给的报酬很高。在工作中，罗伯特自然是一丝不苟，他认真和负责的态度让几次来查验的迈克尔感到满意。即将完工的日子到了，罗伯特为拆下来的一扇门板刷完最后一遍漆，刚刚把它支起来晾晒。做完这一切，罗伯特长出一口气，想出去歇息一下，不想却被脚下的砖头绊了个跟跄。这下坏了，罗伯特碰倒了支起来的门板，门板倒在刚粉刷好的雪白的墙壁上，墙上出现了一道清晰的痕迹，还带着红色的漆印。罗伯特立即用切刀把漆印切掉，又调了些涂料补上。可是做好这些后，他怎么看怎么觉得补上去的涂料色调和原来的不一样，那新的一块和周围的也显得不协调。怎么办？罗伯特决定把那面墙重新刷一遍。大约用了半天时间，罗伯特把那面墙刷完了。可是，第二天，罗伯特又沮丧地发现新刷的那面墙又显得色调不一致，而且越看越明显。罗伯特叹了口气，决定再去买些材料，将所有的墙重刷，尽管他知道这样做，他要花比原来多一倍的本钱，他就赚不了多少钱了，可是，罗伯特还是决定要重新刷一遍。他心中想的是，要对自己的工作负责。他刚把所需的材料买回来，迈克尔就来验工了。罗伯特向他说了抱歉，并如实地将事情和自己内心的想法说了出来。迈克尔听后，不仅没有生气，反而对罗伯特竖起了大拇指。作为对罗伯特工作的负责态度的奖励，迈克尔愿意赞助他读完大学。最终，罗伯特接受了帮助。后来，他不仅顺利读完大学，毕业后还娶了迈克尔的女儿为妻，进入了迈克尔的公司。十年后，他成了这家公司的董事长。一面墙改变了罗伯特的命运，更确切地说，是他对工作的负责态度改变了他的命运。

责任心是成功者必须具备的一项素质，我们取得成就的大小与承担责任的多少是成正比的，责任心越强的人，就越能得到他人的尊重和支持。

人可以不伟大，可以清贫，但不可以没有责任心。责任心来自对工作的热爱，只有爱上自己的工作，才能在工作中勇于承担属于自己的那份责任。一个爱上自己工作的员工，就会在心中常存责任感，就会更加全力以赴地投入工作中去。

对企业绝对忠诚，受益的是自己

　　传统手工艺者最令人敬佩的，就是他们对自己从事的职业的热爱和忠诚，这种精神，我们把它叫"工匠精神"。对当今的企业员工来说，也要有忠诚的品德。如果说智慧和勤奋是金子，那么，比金子还珍贵的就是忠诚。

　　忠诚对于公司和员工来说是重要的和必需的。对于公司来说，公司的发展和壮大都是靠员工的忠诚来维持的，只有所有的员工都对公司忠诚，才能发挥出团队的力量，才能拧成一股绳，推动公司发展壮大。如果所有的员工都对公司不忠诚，那这个公司的发展就会陷入危机。

　　对于员工来说，只有具备了忠诚的品质，才能赢得老板的信赖，进而被委以重任。很多公司在挑选人才时，不仅看重员工的个人能力，而且更看重员工的品德，而品德最为关键的是忠诚。那种既忠诚又有能力的员工是每个老板都心仪的得力助手。既忠诚又有能力的员工，不管到哪里都受到老板的赏识。因此，一个优秀的员工之所以称其为优秀，首要

第六章　工匠之责任

条件是对老板、对公司的忠诚。有时候，忠诚比能力更重要。

张丹长得并不好看，学历也不太高，在一家房地产公司做电脑打字员。张丹的打字室与老板的办公室之间只隔着一块大玻璃，老板的举止她只要愿意就可以看得清清楚楚，但她很少向那边多看一眼。张丹每天都有打不完的材料，张丹知道工作认真是她唯一可以和别人一争长短的资本。她处处为公司打算，打印纸不舍得浪费一张，如果不是要紧的文件。她会一张打印纸两面用。

半年后，公司资金运转困难，员工工资开始告急，人们纷纷跳槽，最后，总经理办公室的工作人员就剩下她一个。有一天，张丹走进老板的办公室，直截了当地问老板："你认为您的公司已经垮了吗？"老板非常惊讶，说："没有！""既然没有，您就不应该这样消沉。现在的情况确实不好，可很多公司都面临着同样的问题，并非只有我们一家这样。而且虽然你的 200 万美元砸在工程上，成了一笔死钱，可公司没有全死呀！我们不是还有一个公寓项目吗？只要好好做，这个项目就可以成为公司重振旗鼓的开始。"说完她拿出那个项目的策划文案。隔了几天，张丹被派去完成那个项目。三个月后，那片位置不算好的公寓全部先期售出，张丹为公司拿到 3800 万元的支票，公司终于有了起色。

以后的四年，张丹作为公司的副总经理，帮着老板做了好几个大项目，又忙里偷闲，炒了大半年股票，为公司净赚了 600 万元。又过了三年，公司改成股份制，老板当了董事长，张丹则成了新公司第一任总经理。

当有人问张丹如何通过炒股为公司赢利时，张丹的回答只有简单的四个字："一要用心，二没私心。"的确如此，你如果一面在为公司工作，一面在打着个人的小算盘，怎么能让公司赢利呢？我们在任何时候都不能失去忠诚，因为它是企业成功的基石，也是个人发展的前提。

一个人对公司的忠诚是要经受考验的。当公司经营出现困难的时候，正是检验员工忠诚度的最佳时机。

工作中，员工对老板的忠诚，能够让老板拥有一种事业上的成就感，同时还能增强老板的自信心，更能使公司的凝聚力得到进一步的增强，从而使公司得以发展壮大。

忠诚主要体现为尽职尽责、积极主动，不从事任何与履行职责相悖的事务。除此以外，忠诚还有一个最重要的特征，就是忠实于企业的利益，并不以此作为寻求回报的筹码。

索尼公司有这样一句话："如果想进入公司，请拿出你的忠诚来。"这是每一个意欲进入日本索尼公司的应聘者常听到的一句话。索尼公司认为：一个不忠于公司的人，再有能力，也不能录用，因为他可能为公司带来比能力平庸者更大的破坏，索尼公司不喜欢"叛徒"。

赵凯到一家大型合资公司面试。赵凯的工作能力无可挑剔，但是他们提出了一个使赵凯很失望的问题：

"我们很欢迎你到我们公司来工作，你能力和资历都非常不错。我听说，你以前的公司开发了一个新的财务应用软件，据说你提了很多有价值的建议。我们公司也正在策划这方面的工作，你能否透露一些你朋友公司的情况，你知道这对我们很重要，而且这也是我们为什么看中你的一个原因。请原谅我的直白。"面试官说。

"你问我的问题令我感到失望，同样我的回答也会使你失望的。很抱歉，我有义务忠诚于我的公司，即使我已经离开，无论何时何地，我都必须这么做，与获得一份工作相比，忠诚守信对我而言更重要。"赵凯说完就走了。

赵凯的朋友都替他惋惜，他却为自己所做的一切感到坦然。

没过几天，赵凯收到了来自这家公司的一封邮件。信上写着："赵凯，祝贺你被我公司录用了，不仅因为你的专业能力，更重要的还有你的忠诚。"

忠诚是职场中最应值得重视的美德。对一个公司而言，员工对公司忠诚将大幅提高公司效益增强凝聚力，提升竞争力，使公司在风云变幻的市场中立稳脚跟。对一个职场人士来说，忠诚可以有效地使自己与公司相结合，把自己真正当成公司的一分子。

小王曾去某家大公司应聘部门经理，公司老板告诉他说先要试用三个月。然而老板却把他派到商店做销售员。一开始，小王不能接受，但最终他还是熬过了试用期。后来他搞清楚了老板把他调到基层去的原因：他开始对行业不熟悉，不了解公司的内部情况，只有从最简单的事做起，才能全面了解公司，熟悉各种业务。

小王应聘的是部门经理，公司老板却让他从基层做起。尽管这样，他最终还是坚持做完了。事实证明，他的选择是对的，他经受住了老板对他的考验，熟悉了公司业务，全面了解了公司，对公司的规划有了明晰的了解，积累了经验，这些都为他今后的工作奠定了基础。试用期后，他正式就任部门经理，领导员工实现了优秀的业绩，为公司的发展作出了巨大贡献。六个月后，由于业绩出众，小王获得了升迁。小王在处理公司事务时游刃有余，一年之后，由于总经理调走了，他也自然而然地成了总经理。

忠诚并不单单代表是对某人的忠心，它在本质上是一种负责的职业精神。它实际上更是一种敬业精神，而不单纯是对某个公司或老板的忠诚。

有时，你会发现，老板总是"刁难"你，这是因为他器重你，他想考查你的忠诚度。一旦考查证明你是忠诚的，你就将被重用。当然，无论是出自内心的给予，还是情愿让老板"刁难"你，忠诚都是一种感情和行动的付出，有付出就一定有回报。

忠诚是一个员工的优势和财富，它能换取老板对你的信任和坦诚，能换来同事对你的赞许，能使你的心灵得到净化，能换来你的成就感。如果有了忠诚的美德，总有一天，你会发现它会成为你巨大的财富。相反，如果你失去了忠诚，那你就失去了做人的原则，失去了成功的机会。所以，忠诚于自己的公司，忠诚于自己的老板，跟公司的同事和老板和睦相处，与公司同舟共济、荣辱与共，全心全意为公司工作，把公司当成自己的公司，公司成功了，你自然也就赢得了成功。

不找借口，承担是一种责任

作为生产者，工匠应该对产品负责，对购买产品的消费者负责，而负责任中最基本的一条就是把生产的产品做到最好。如果做不好，就要承担相关的责任，而不是找各种借口推脱。

然而，在实际工作中，有不少人习惯于寻找各种借口为自己没有完成任务而推卸责任。这些借口并不能掩盖已经出现的问题，这些理由不会减轻你所要承担的责任，更不会让你把责任推掉。

在某企业的季度会议上——营销部经理说："最近销售不好我们有一定责任。但主要原因是，对手推出的新产品比我们的好。"

研发经理"认真"总结道："最近推出的新产品少是由于财务部门削减了研发预算。"

财务经理马上接上解释："公司采购成本在上升，我们必须削减。"

这时，采购经理跳起来说："采购成本上升了10%，是由于俄罗斯一个生产铬的矿山爆炸了，导致不锈钢价格急速攀升。"

于是，大家异口同声地说："原来如此。"言外之意便是：大家都没有责任。

最后，总经理终于发言："这样说来，我只好去考核俄罗斯的矿山！"

这样的情景经常在不同企业上演着——当工作出现困难时，每个人不是先找自身的问题，而是找借口指责相关的人没有配合好自己的工作。

工作中，我们经常可以碰到类似的情况：每当遇到自己不愿干的事情，总是千方百计为自己寻找理由，替自己将它推脱掉；每当遇到一项新的挑战，总是自我安慰说："我干不了这件事情。"而绝不会去想这是我的责任。然后就闭上眼睛开始设想自己有可能遇到的苦难与麻烦。于是，越想越没把握，越想越觉得自己真的干不好这件事，到最后干脆主动放弃这件事情。许多员工就是这样在为自己寻找种种理由时，自己主动放弃了机会，结果也只能是碌碌无为。

某名牌大学毕业的张然，学的是新闻专业，形象也很不错，被北京一家很知名的报社录用了。但是，他有一个很不好的毛病，就是做事情不认真，遇到任何困难总是找借口。刚开始上班时，同事们对他的印象还很不错，但是没过多久，他的毛病就暴露出来了，上班经常迟到，和同事一同出去采访时也经常丢三落四。对此，办公室领导找他谈了好几次，但张然总是以这样或那样的借口来搪塞。

有一天，报社特别忙，突然有位热心读者打电话过来说在一个地方有特大新闻发生，请报社派记者前去采访，但是报社别的记者都出去了，只有张然在，没办法，办公室领导只有派他独自前往采访。没多久，他就回来了，领导问他采访的情况怎么样，他却说："路上太堵了，等我赶到时事情都快结束了，并且已经有别的新闻单位在采访了，我看也没什么重要新闻价值，所以就回来了。"

领导生气地说："北京的交通是很堵，但是你不知道想别的办法吗？那为什么别的记者能赶到呢？"

张然急得红着脸争辩道："路上交通真的是很堵嘛，再说我对那里又不是特别熟悉，身上还背着这么多的采访器材……"

领导心里更有气了，于是说道："既然这样，那你另谋高就好了，我不想看到员工不但不能给提供结果，反过来还有满嘴的借口和理由，我们需要的是能够接到任务后，不管任务有多么艰巨，都能够想方设法完成，并且能提供结果的人。"就这样，张然失去了令许多人羡慕不已的好工作。

在工作中，像张然这样遇到问题不是想办法解决，而是四处找借口来推脱的人并不少见，但是他们这样做所带来的后果就是不仅损害了公司的利益，也阻碍了自己的发展。虽然借口让我们暂时逃避了困难和责任，获得了些许心理的慰藉。但是，借口的代价却无比高昂，它给我们带来的危害一点也不比其他任何恶习少。

借口，只是掩饰弱点、敷衍工作、推卸责任的"挡箭牌"。很多人，就是把宝贵的时间和精力，放在了寻找这样一些"合理"的借口上，而忘记了自己的目标和责任，从而失去了很多成功的机会。

如果你在乎自己的前途，就必须改掉找借口的毛病。当你犯错时，不要想尽办法去找别的原因，应该勇敢地说："这是我的错。"当你不明白一件事时，也不要找借口说你为什么会不明白，应该直接说："我不知道。"只有这样，时间才不会因为找借口而被白白浪费掉。

无论做什么事情，都要记住自己的责任，无论在什么工作岗位，都要对自己的工作负责，工作就是不找任何借口地去执行。

休斯·查姆斯在担任"国家收银机公司"销售经理期间曾面临着一种最为尴尬的情况：该公司的财政发生了困难。这件事被负责推销的销售人员知道了，并因此失去了工作的热忱，销售量开始下跌。到后来，情况更为严重，销售部门不得不召集全体销售员开一次大会，全美各地的销售员皆被召去参加这次会议。查姆斯先生主持了这次会议。

首先，他请手下最佳的几位销售员站起来，要他们说明销售量为何会下跌。这些被点到名字的销售员一一站起来以后，大家有一个共同的理由：商业不景气，资金缺少，人们都希望等到总统大选揭晓后再买东西等。

当第五个销售员开始列举使他无法完成销售配额的种种困难时，查姆斯先生突然跳到一张桌子上，高举双手，要求大家肃静。然后，他说道："停止，我命令大会暂停10分钟，让我把我的皮鞋擦亮。"然后，他命令坐在附近的一名小工友把他的擦鞋工具箱拿来，并要求这名工友把他的皮鞋擦亮，而他就站在桌子上不动。在场的销售员都惊呆了。他们有些人以为查姆斯先生发疯了，人们开始窃窃私语。就在这时，那位小工友先擦亮他的第一只鞋子，然后又擦另一只鞋子，他不慌不忙地擦着，表现出一流的擦鞋技巧。

皮鞋擦亮之后，查姆斯先生给了小工友一毛钱，然后发表他的演说。他说："我希望你们每个人，好好看看这个小工友。他拥有在我们整个工厂及办公室内擦鞋的特权。他的前任也是位小男孩，年纪比他小得多。尽管公司每周补贴他5元的薪水，而且工厂里有数千名员工，但他仍然无法从这个公司赚取足以维持他生活的费用。"

"可是现在这位小男孩不仅可以赚到相当不错的收入，既不需要公司补贴薪水，每周还可以存下一点钱来，而他和他的前任的工作环境完全相同，也在同一家工厂内，工作的

第六章 工匠之责任

对象也完全相同。"

"现在我问你们一个问题，之前的小男孩没有得到更多的生意，是谁的错？是他的错，还是顾客的错？"

那些推销员不约而同地大声说："当然了，是那个小男孩的错。"

"正是如此。"查姆斯回答说，"现在我要告诉你们，你们现在推销收银机和一年前的情况完全相同：同样的地区、同样的对象以及同样的商业条件。但是，你们的销售成绩却比不上一年前。这是谁的错？是你们的错，还是顾客的错？"

同样又传来如雷般的回答："当然，是我们的错。"

"我很高兴，你们能坦率承认自己的错。"查姆斯继续说，"我现在要告诉你们。你们的错误在于，你们听到了有关本公司财务发生困难的谣言，这影响了你们的工作热忱，因此，你们不像以前那般努力了。只要你们回到自己的销售地区，并保证在以后 30 天内，每人卖出 5 台收银机，那么，本公司就不会再发生什么财务危机了。你们愿意这样做吗？"

大家都说"愿意"，后来果然办到了。那些他们曾强调的种种借口：商业不景气，资金缺少，人们都希望等到总统大选揭晓以后再买东西等，仿佛根本不存在似的，统统消失了。

这个例子告诉我们，责任感是我们战胜工作中诸多困难的强大精神动力。不为自己找借口，承担相应的工作责任，会使我们有勇气排除万难，甚至可以把"不可能完成"的任务完成得相当出色。

　　"不找借口"应该成为每一位员工奉行的最重要的行为准则，它强调的是每一位员工都应该想尽办法去完成任何一项任务，而不是为了没有完成的任务去寻找任何借口，哪怕看似合理的借口。每一位员工都应该懂得：工作中是没有任何借口的，失败是没有任何借口的，人生也是没有任何借口的。对于那些在工作中找借口、推卸责任的员工，是很难成为优秀员工的。因为企业的老板总是希望把每一份工作都交给责任心强的人，谁也不会把重要的职位交给一个遇到问题总是推三阻四、找出一大堆借口的人。

为明天努力，尽职尽责每一天

无数的匠人故事及实践表明，只有那些热爱本职工作、脚踏实地，勤勤恳恳、兢兢业业，尽职尽责、精益求精的人，才可能成就一番事业，才可望拓展人生价值。

在日常工作中，很多人都认为自己的工作已经做得很好了。但是，如果你静下心来，不妨问问自己："我真的已经发挥了最大的潜能而把事情做得尽善尽美了吗？"相信很多人的回答都是否定的。

事实上，我们每个人都拥有自己难以估量的巨大潜能，如果你能够以尽职尽责的态度工作的话，就能够把自己身上的潜能最大限度地发挥出来，而把事情做得尽善尽美。

18世纪的讽刺文学作家伏尔泰创作的悲剧《查伊尔》公演后，得到了观众很高的评价，许多行家也认为这是一部不可多得的成功之作。

但是在当时，伏尔泰本人对这一剧作却并不十分满意，他认为剧中对人物性格的刻画和故事情节的描写还有许多不足之处。因此，他拿起笔来一次又一次地反复修改，直到自己满意了才肯罢休。为此，伏尔泰还惹下了一段不大不小的风波。

经伏尔泰这样精心修改之后，剧本确实是一次比一次好，但是，演员们却非常厌烦，因为他每修改一次，演员们就要重新按修改本排练一次，这会让他们花费许多精力和时间。

为此，出演该剧的主要演员杜孚林气得拒绝和伏尔泰见面，不愿意接受伏尔泰重新修改后的剧本。这可把伏尔泰难为坏了。最后他不得不亲自上门把稿子塞进杜孚林住所的信箱里。然而，杜孚林还是不愿看他的修改稿。

有一天，伏尔泰得到一个消息，杜孚林要举行盛大宴会招待友人。于是，伏尔泰买了一个大馅饼和12只山鹑，请人送到杜孚林的宴席上。

杜孚林高兴地收下了。在朋友们的热烈掌声中，他叫人把礼物端到餐桌上用刀切开，当礼物切开时，所有的客人都大吃一惊，原来每一只山鹑的嘴里都塞满了纸。他们将纸展开一看，原来是伏尔泰修改的稿子。

杜孚林感到哭笑不得，后来他怒气冲冲地责备伏尔泰："你为什么要这样做？"

伏尔泰回答说："老兄，没有办法呀，我不这样去做，我的饭碗就要砸了！"

伏尔泰之所以成为伏尔泰，一个很重要的原因就在于他凡事都尽职尽责，力求把它做到尽善尽美！职场中没有捷径可走，你要想做好工作，就必须尽职尽责、踏踏实实地付出百分之百的努力。

在职场上，有些员工本来具有出众的能力，但却因为工作中没有尽职尽责，结果使自己逐渐走向平庸。而另外有一些人，刚开始时在工作中表现并不出色，但他们却非常善待自己的工作，总是想尽一切办法去尽职尽责地把自己的工作做到尽善尽美，结果，这些人最后在事业上取得了巨大的成就。

超越平庸，选择完美。这就是工匠精神，也是一句值得我们每个人一生追求的格言。一个人要想做出成绩，工作就不能松松垮垮，要抱着追求尽善尽美的态度。如果只是以做到"尚佳"为满意，或是做到半途便停止，那他绝不会成功。

美国总统麦金莱在德州的一所学校演讲时，对学生们说："比其他事情更重要的是，你们需要尽职尽责地把一件事情做得尽可能完美。与其他有能力做这件事的人相比，如果你能做得更好，那么，你就永远不会失业。"

所以说，一个人不论从事什么样的职业，都应该积极主动地对待自己的工作。在工作过程中，尽自己最大的努力来解决难题，以求得不断的进步。这是一个极为关键的工作准则。尤其是对于平凡人而言，做不平凡事唯一的出路就是在工作中主动、高效、尽一切力量和方法接近完美。

美国前国务卿基辛格博士，在诸事繁忙之际，仍旧坚持要求自己的下属凡事做到最完美。当他的助理呈递一份计划给他的数天之后，该助理问他对其计划的意见。基辛格和善地问道："这是你所能做的最佳计划吗？"

"嗯……"助理犹疑地回答："我相信再做一些细节改进的话，一定会更好。"

基辛格立即把那个计划退还给他。

在努力了两周之后，助理再次呈上了自己的成果。几天后，基辛格请该助理到他办公室去，问道："这的确是你所能拟定的最好计划了吗？"

助理后退了一步，喃喃地说："也许还有一两点细节可以再改进一下……也许需要再多说明一下……"

助理随后走出了办公室，肋下夹着那份计划，下定决心要研拟出一份任何人——包括亨利·基辛格都必须承认的"完美"计划。

于是，这位助理日夜工作，有时甚至就睡在办公室里，三周之后，计划终于完成了！他非常得意地跨着大步走入基辛格的办公室，将该计划呈交给国务卿。

当听到那熟悉的问题"这的确是你能做到的最最完美的计划了吗"时，他激动地说："是的。国务卿先生！"

"很好。"基辛格说:"这样的话,我有必要好好地读一读了!"

基辛格虽然没有直接告诉他的助理应该做什么,但是他通过这种严格的要求来训练自己的下属怎样才能把工作做得更出色,完成一份合格的计划书。

事实上,太多的人在接到一项任务时,都会有压力和厌烦感,有时候他们不能克制自己,他们会因为外界的诱惑而不能把精力投入到自己的工作中去。

现代职场之中,很多人不具备尽职尽责的工作精神,在工作中经常出现疏漏,结果,让自己一直平凡下去。可偏偏也有一些平凡人,刚开始在工作中表现得并不出色,他们也明白自己的情况,为了改变自身的境况,他们全身心地、尽职尽责地投入到工作之中,想尽一切办法把自己的工作做得完美。

不论做什么工作,我们都需要沉下心来,脚踏实地地去做。一个人把时间花在什么地方,就会在那里看到成绩,只要你的努力是持之以恒的。这是十分简单的道理。可是,许多人还是三天打鱼,两天晒网。这样是永远也不会看见成就的。功亏一篑的事情在这个世界上太常见了。打个比方说,开水烧到99℃,你想差不多了,不用再烧,那你永远喝不到真正的开水。在这种情况下,99%的努力等于零。

总之,任何企业都需要全心全意、尽职尽责的人。如果在你的工作中没有了职责和理想，你的生活就会变得毫无意义。因此，不管你从事什么样的工作，平凡的也好，令人羡慕的也罢，你都应该尽心尽责，求得不断地接近完美。

工作就意味着责任，
优秀的工匠对自己的工作负责

工作和责任是密不可分的。在这个世界上，没有不需要承担责任的工作。工作就意味着责任，丢掉责任，也就意味着丢掉了工作。在工作中，每一名员工都必须具备高度的责任感，因为责任是一个人的立身之本，更是落实工作最基本的保证。

乔治到这家钢铁公司工作还不到一个月，就发现很多炼铁的矿石并没有得到完全充分的冶炼，一些矿渣中还残留没有被冶炼好的铁。如果这样下去的话，公司岂不是会有很大的损失。

于是，他找到了负责这项工作的工人，跟他说明了问题，这位工人说："如果技术有了问题，工程师一定会跟我说，现在还没有哪一位工程师向我说明这个问题，说明现在没有问题。"

乔治又找到了负责技术的工程师，对工程师说明了他看到的问题。工程师很自信地说我们的技术是世界上一流的，怎么可能会有这样的问题。工程师并没有把他说的看成是一个很大的问题，还暗自认为，一个刚刚毕业的大学生，能明白多少，不过是因为想博得别人的好感而表现自己罢了。

但是乔治认为这是个很大的问题，于是拿着没有冶炼好的矿石找到了公司负责技术的总工程师，他说："先生，我认为这是一块没有冶炼好的矿石，您认为呢？"

总工程师看了一眼，说："没错，年轻人，你说得对。哪里来的矿石？"

乔治说："是我们公司的。"

"怎么会，我们公司的技术是一流的，怎么可能会有这样的问题？"总工程师很诧异。

"工程师也这么说，但事实确实如此。"乔治坚持道。

"看来是出问题了。怎么没有人向我反映？"总工程师有些发火了。总工程师召集负责技术的工程师来到车间，果然发现了一些冶炼并不充分的矿石。经过检查发现，原来是监测机器的某个零件出现了问题。才导致了冶炼的不充分。

公司的总经理知道了这件事之后，不但奖励了乔治，而且还晋升乔治为负责技术监督的工程师。总经理不无感慨地说："我们公司并不缺少工程师，但缺少的是负责任的工程师，这么多工程师就没有一个人发现问题，而且有人提出了问题，他们还不以为然。对于一个企业来讲，人才是重要的，但是更重要的是真正有责任感的人才。"

乔治从一个刚刚毕业的大学生成为负责技术监督的工程师，可以说是一个飞跃，他能获得工作之后的第一步成功就是来自他的责任感，正如公司总经理所说的那样，公司并不缺少工程师，并不缺乏能力出色的人才，但缺乏负责任的员工，从这个意义上说，乔治正是公司最需要的人才。他的责任感让他的领导者认为可以对他委以重任。

一个人的成就是与他的责任心成正比的。如果你想要有所成就，必须有强烈的事业心，而事业心的核心部分就是责任心。优秀的员工要有敢于承担责任的意识，为自己的决策和行为负责，才能使自己不断提高，获得同事和领导的认可，进而赢得更多的资源和平台。

每一个员工都应把工作看成自己的使命，负责任地去做好它。一个人有了责任意识，就会产生积极、圆满的工作效果。没有责任意识或不能承担责任的员工，不可能成为优秀的员工。很难想象，领导会把重大任务交托给一个不肯负责人的人手中，更不用说锻炼和提升的机会了。

公司要裁员了，王芳和李丹都不幸地上了解雇名单，被通知一个月后走人。

王芳回家痛苦了一夜。第二天，她仍然十分气愤，逢人就大吐冤情："我平时在公司干得那么认真，怎么那么多人不裁，偏偏就把我给裁了呢？"刚开始，同事们出于同情都安慰她几句，可王芳越说越生气，最后竟然含沙射影起来，好像自己是被别人陷害了一般，见谁都瞪着眼。时间一长，同事们一见她便纷纷躲避。

不能向老板撒气，王芳便把气发泄在工作上，"反正我快要离开了，现在干好干坏一个样。"于是，她打印的文件错误百出，整理的资料残缺不齐。

李丹第二天上班时眼睛也是红红的。但一进公司，她便平息了自己的怨气，逢人就诚恳地道别："再过些日子我就走了，以后不能再与你们共事，请多保重。"于是，大家对她也更加同情，平时关系一般的人现在跟她也非常亲近。

工作上，李丹和以往同样认真负责。"反正是要走的，抱怨也没有用，不如先干好这一个月，免得以后想干都没有机会了。"于是，经李丹打出的文件一个错字都没有，老板要求的资料也整理得完整有序，她还主动帮助一些任务较多的同事，"干一天就认真一天"，李丹想。

一个月后，王芳如期离开了公司，而李丹却又被留了下来。老板当众宣布："像李丹这样的员工，正是公司所需要的。"

李丹被公司留下的原因就是因为她对工作尽职尽责，一丝不苟，有始有终。

由此可见，只要你能认真地担负起工作责任，你所做的事就是有价值的，你就会赢得老板的赏识，被赋予更多的使命，从而一步一步地走向成功。所以，不管你从事哪种职业，都应该尽心尽力，尽职尽责，发挥自己的最大潜力，以求得不断的进步。

工作中，只要我们每个人都意识到自己的责任，承担起自己的责任，我们所在的企业才有可能会变得更加强大，我们的人生才会更加精彩。

预想"差不多"，其实"差很多"

从本质上讲，"工匠精神"是一种认真精神，追求的是从精致到完美，而与此相对应的则是"差不多精神"——凡事只满足于99%甚至90%，而不去追求99.99%甚至100%。工作中出现的很多问题，都与这种"差不多精神"有关。

那么，什么是差不多精神呢？

可能看过胡适先生所写的小品文——《差不多先生传》，大家就会有所了解。

你知道中国最有名的人是谁吗？

提起此人，人人皆晓，他姓差，名不多，是各省各县各村人氏。你一定见过他，也一定听别人提起过他。差不多先生的名字天天挂在大家的口头上，因为他是全国人的代表。

差不多先生的相貌和你我都差不多。他有一双眼睛，但看得不很清楚；有两只耳朵，但听得不很分明；有鼻子和嘴，但他对于气味和口味都不很讲究；他的脑子也不小，但他的记性却不很好，他的思想也不很细密。

他常常说："凡事只要差不多就好了，何必太精明呢？"

他小的时候，妈妈叫他去买红糖，他却买了白糖回来，妈妈骂他,他摇摇头道:"红糖和白糖不是差不多吗?"

他在学堂的时候，先生问他："直隶省的西边是哪一个省？"他说是陕西。先生说："错了。是山西，不是陕西。"他说："陕西同山西不是差不多吗？"

后来，他在一个店铺里做伙计，他会写，也会算，只是总不精细，十字常常写成千字，千字常常写成十字。掌柜的生气了，常常骂他，他只是笑嘻嘻地说："千字比十字只多一小撇，不是差不多吗？"

有一天，他为了一件要紧的事，要搭火车到上海去。他从从容容地走到火车站，结果迟了两分钟。火车已经开走了。他瞪着眼，望着远远的火车上的煤烟,摇摇头道:"只好明天再走了，今天走同明天走，也还差不多。可是火车公司，未免也太认真了，8点30分开同8点32分开，不是差不多吗？"他一面说，一面慢慢地走回家，心里总不很明白为什么火车不肯等他两分钟。

有一天，他忽然得一急病，赶快叫家人去请东街的汪大夫。家人急急忙忙地跑去，一时寻不着东街的汪大夫，却把西街的牛医王大夫请来了。差不多先生病在床上，知道寻错了人，但病急了，身上痛苦，心里焦急，等不及了，心里想："好在王大夫同汪大夫也差不多，让他试试看吧。"于是这位牛医王大夫走近床前，用医牛的法子给差不多先生治病。不到一刻钟，差不多先生就一命呜呼了。

差不多先生差不多要死的时候，一口气断断续续地说道："活人同死人也差……差……差……不多……凡事只要……差……差……不多……就……好了……何……何……必……太……太认真呢？"他说完这句格言，方才气绝。

他死后，大家都很称赞差不多先生样样事情看得破，想得通，大家都说他一生不肯认真，不肯算账，不肯计较，真是一位有德行的人，于是大家给他取了个死后的法号——圆通大师。

后来，他的声名越传越远，越久越大。无数人都学他，于是人人都成了一个差不多先生——然而，中国从此就成一个懒人国了。

这个故事十分传神地刻画了差不多精神。

在生活节奏加快的今天，"差不多"理念大行其道，很多人凡事都得过且过，要求"差不多就行了"。这是与工匠精神背道而驰的。工作是万万不可"差不多"的，试想一下，如果我们在面对每一项工作、处理每一个细节时，都存有"差不多"的心理，带着"差不多"的态度，不尽心尽力地去认真对待、去刻苦努力，那么即使我们都用90%的"差不多"标准去对待每一项工作、处理每一个细节，那么到了5个具体环节之后，就只能得到90%×90%×90%×90%×90%＝59%的"差许多"的成绩了，而绝不会是90%的平均值的成绩。在有些情况下，还可能低于这个分数，甚至最终变成零分或负分，"差不多"就成了"差很多"，成了天壤之别。所以，无论在哪个岗位上，无论做什么事情，都要多问自己几次"真的可以'差不多'吗？差的那一点会给自己、给公司、给顾客带来什么害处？"

2004年2月15日，吉林市中百商厦发生特大火灾，导致54人死亡，70人受伤，直接经济损失达400余万元。然而，这样一起严重的事故，其直接原因竟然仅仅是一个烟头：一位员工到仓库内放包装箱时，不慎将吸剩下的烟头掉落在地上，随意踩了两脚，在并未确定烟头是否被踩灭的情况下匆匆离开了仓库。当日11时左右，烟头将仓库内的物品引燃。

恰在这时，中百商厦当日保卫科工作人员违反单位规定，擅自离开值班室，未对消防监控室进行监控，没能及时发现起火并报警，延误了抢险时机。当他们得知火情后，又违反消防安全管理的有关规定和本单位制定的灭火和应急疏散方案中的规定，未能及时有效地组织群众疏散，致使造成特别严重的后果。

一个烟头，54条人命！

事情就是这么简单，简单得令人难以承受。

虽然政府对这起特大火灾的处理已落下帷幕，但火灾刻在人们心中的印记、留给社会的思考却远未结束。表面看来，是一个小小的烟头引起了这场人间惨剧，但是寻找其根源，夺去54条人命的，不是现实中忽明忽暗的烟头，而是工作人员所持的"差不多"的工作态度？——对责任和职守的疏忽——是另一个深藏在人们心中的更为可怕的"烟头"。

在这次事件中，那位丢弃烟头的员工何尝想将中百商厦这座大楼变为废墟，又何尝想使54个生灵瞬间消失，可是他应该想到却没有想到的是，他的一个小小的举动，确实把他人的生命和财产推到了危险的边缘，进而酿成了惨祸。保卫科员工何尝想到自己工作中的疏忽大意为火灾埋下了如此之深的隐患，而这样的隐患竟将54条鲜活的生命引向了不归之路，使400余万元财产付之一炬？可是这些人应该想到却没有想到的是，正是他们的不负责任、漫不经心、凡事要求"差不多"就好的举动，把那些鲜活的生命推向了死亡的深渊，致使一切无法挽回。

"差不多"是一种消极怠慢的工作和人生态度，其潜伏性和危害性极大。在日常生活中，我们常常可以听到诸如"跟

第六章 工匠之责任

某某做得差不多""干的差不多就行了""看上去差不多一样"等话语，有些人竟把"差不多"作为了自己的一句口头禅，习以为常，当成了一种对待工作的态度，见怪不怪，导致工作标准低下，工作成绩平淡，甚至出尽洋相，成为安全隐患，酿成事故案件。

"差不多"心理是要不得的，尤其是在工作中。一定要消灭差不多"心理，别轻视你做的每一件事，哪怕是一件小事，你也要竭尽全力、全心全意地把他做好。我们所缺少的不是技术、设备、流程和理论，而是严谨的工作态度。

只有抛弃"差不多"的工作态度，才能够迅速培养起严谨的品格，获得超凡的智慧，才能让自己从普通员工迈向优秀员工的行列，甚至达到更高的境界。

第七章 工匠之创造

——创意无限，匠心支撑

人们常用"匠心独具"、"技近乎道"来形容在技术工艺等方面具有独创性的工匠，可以说，"创新"是工匠精神的核心之一。对企业员工来说，讲创新就是要对当前组织工作遇到的新情况、新问题，大胆探索，勇于改革，在工作机制、工作载体和工作方法上有新突破。通过经年累月点滴积累的经验实施持续改进，去不断满足日新月异的市场需求，使创新成为企业在复杂多变的市场环境中保持永续生存的利器。

创新发展离不开工匠精神

很多人认为，创新这个词仿佛与匠人精神没有多大联系，甚至于，工匠精神还与创新精神有点儿抵触，作为一个匠人，专注专心于自己手头上繁复、单调的工作，这和创新似乎有着不小的距离。其实不然，创新就寓于这烦琐单调的工作之中，重复是创新的土壤，工匠精神的核心就是创新。

"工匠精神"指向的是凡事追求极致，在这过程中，本身就需要以最开放的姿态吸收最前沿的技术，创造最新的成果。而创新是一门技术活，也是一门风险活，如果没有"工匠精神"，不追求极致，又怎么可能会有创新成果？

所以，"工匠精神"与创新创造并不矛盾。小到对每一个工作环节高质高效的创造，大到一个新的产品、一种新的技术开发，都是工匠精神。

刘涛是 3M 公司的一个技术工人，有一天，他到一家汽车车身制造厂去送货，看见一名工人在为车身喷涂双色漆。

当时为爱车刷上双色调油漆面是一种十分时髦的做法，

但是操作起来却非常困难。

为了不让第二种颜色覆盖整辆汽车，工人们不得不用胶将一张纸贴到车身上，可这样做效果并不好，有些粘胶剂强度不够，有些则无法在油漆活完后拿下来，而且那些被纸贴过的地方，总会在油漆干了以后，留下难看的凸起。

刘涛看见那个油漆工人一会儿往车身上漆抹胶水，一会儿再往上贴廉价的包装纸，累得满头大汗，而且两种颜色的油漆总是混在一起。

这个问题并没有逃过刘涛的眼睛，他像发现了新大陆一般兴奋，他想怎么样才能解决这个问题呢？一个制作遮蔽胶带的念头立刻展现在了他的脑海中。

于是他制作了一个5厘米宽、一面涂上沾胶剂的皱纸卷，试下来效果非常好。

后来，3M公司一推出刘涛发明的这种遮蔽胶带，立即得到众多汽车制造商的青睐。目前，这种胶带仍普遍应用于喷漆作业中，而它的发明者刘涛也因此获得了丰厚的奖赏。

不管你从事的是哪一个行业，幸运之神都偏爱会思考、有创新精神的人。思考能使人不断进步，创新能使你的事业再上一个巅峰，与众不同的创新个性能使你成为众人的灵魂。只要你不断培养思考和创新的习惯，从生活中的点点滴滴开始培养，那么你的远大目标的实现会自然而然地水到渠成。

李彬是海尔集团西宁冷柜的产品经理。2005年10月，他得知中国移动公司西宁分公司要在 2005 年年底推出一个活动：存 1 万元手机费，送 5000 元话费！

移动公司的这一活动引起了李彬的浓厚兴趣：他决定要拿下这笔订单！

你看得也许有点糊涂，西宁移动公司推出话费优惠活动，跟冰柜有什么关系？

李彬却把这件事情跟自己的工作联系了起来。

李彬了解到：西宁的经济不算发达，当时，手机对当地人来说，是身份与地位的象征。

掌握了这些关于西宁经济特点的信息还远远不够，李彬又去了解移动用户的信息：一些经济富裕的移动用户自己一年的电话费也花不到一万元，再送 5000 元也花不出去，就白白浪费了，所以他们这样的人对移动公司的这个活动并不感兴趣。

了解到这些信息后，李彬马上设计出了自己的方案：

如果移动公司赠送的话费可以买海尔冰柜，那对于移动公司来说，活动的吸引力、可行性会更大，参与活动的移动用户会更多；而对于移动用户来说，赠送的话费不仅不会浪费掉，而且有了"意外收获"！

方案提出后，马上得到了移动公司的认可。就这样，这笔相当于西宁冷柜平均月销量两倍的大订单被拿下了！

李彬是一个具有创新头脑的人，他把两件毫不相关的事情联系在了一起，从其他行业的市场之中发现了自己的市场，从而不但提升了业绩，还使原来两个公司共有的难题变成了一个"双赢"的结果。

有思考才会有创新，有创新才会有出路，有出路才会成功。世上每一次伟大的成功，都是先从创新开始的。创新就像一位哲人所的那样："你只要离开人们常走的大道，潜入森林，你就可能会发现前所未有的东西。"

创新不是某些专业人士的专利，它是人人都可以做到的，它不因为你的学历低就鄙视你，不因你的社会经验少而不垂青你。正如杰克·韦尔奇所说的："我们每个人都有可能成为创新的人，关键是看我们有没有创新的勇气和能力，能否掌握创新的思维方法和运用创新的基本技巧。"你只要在工作中时常注意从不同角度、不同方式去考虑和操作，在完善专业技能的同时你也在创新了。

福特汽车公司是美国创立最早、最大的汽车公司之一。1956年，该公司推出了一款新车。尽管这款汽车式样、功能都很好，价格也不高，但奇怪的是，竟然销路平平，和公司预期的情况完全相反。

公司的管理人员急得像热锅上的蚂蚁，但绞尽脑汁也找不到让产品畅销的方法。这时，在福特汽车公司里，有一位刚刚毕业的大学生，却对这个问题产生了浓厚的兴趣，他叫艾柯卡。

当时艾柯卡是福特汽车公司的一位见习工程师，本来与汽车的销售工作并没有直接关系。但是，公司老总因为这款新车滞销而着急的神情，却深深地印在他的脑海里。

他开始不停地琢磨：我能不能想办法让这款汽车畅销起来呢？终于有一天，他灵光一闪，于是径直来到总经理办公室，向总经理提出了一个自己想出的方法，他提出："我们应该在报上登广告，内容为花56元买一辆56型福特汽车。"

这个创意的具体做法是：谁想买一辆1956年生产的福特汽车，只需先付20％的货款，余下部分可按每月付56美元的办法直到全部付清。

他的建议最终被采纳，"花56元买一辆56型福特汽车"的广告引起了人们极大的兴趣。

"花56元买一辆56型福特汽车"，不但打消了很多人对车价的顾虑，还给人留下了"每个月才花56元就可以买辆车，实在是太划算了"的印象。

奇迹就因为这样一句简单的广告词而产生了：短短的3个月，该款汽车在费城地区的销售量，从原来的末位一跃成为冠军。

而这位年轻的工程师也很快受到了公司赏识，总部将他调到华盛顿，并委任他为地区经理。后来，艾柯卡不断地根据公司的发展趋势，推出了一系列富有创意的办法，最终脱颖而出，坐上了福特公司总裁的宝座。

不论是企业还是员工，只有不断地创新才能保持长久的生命力。美国著名管理大师杰弗里说："创新是做大公司的唯一之路。"没有创新，企业管理者肯定会毫无作战能力，也根本不会有继续做大的可能。同样的道理，创新是一个员工的立身之本。创新突破常规，能创造机遇，能找到新招。

　　创新是"工匠精神"的精髓，没有创新，"工匠"的技能只能故步自封，迟早会被时代淘汰。企业要求生存、求发展，就必须创新。人是企业的根本，如果人不创新，企业谈何创新？作为企业发展的智慧源泉，员工有责任要求自己在工作中融入创新元素，从而更为出色地完成任务。企业都喜欢具有创造力的、善于创新的员工，因为只有这样的员工才能创造骄人的结果，才能为企业创造更高的价值。

开动脑筋，蛮干不如巧干

"工匠精神"要求，既要埋头踏实苦干实干，又要抬头望路巧干快干，依据时势及相关的变更及时研究、调整办法和措施，确保以到位尽责的工作完成既定目标。

人们常说："一件事情需要三分的苦干加七分的巧干才能完美。"意思是行事时要注重寻找解决问题的思路，用巧妙灵活的思路解决难题，胜于一味地蛮干。"苦"的坚韧离不开"巧"的灵活。一个人做事，若只知下苦功，则易走入死路，若只知用巧劲，则难免缺乏"根基"，唯有三分苦加上七分巧才能更容易达到自己的目标。

很久以前，有一个非常勤劳却又贫穷困苦的人，至于为什么勤劳的人，反而那么贫穷，却没有人知道。

这个勤劳的人，也不知道自己为什么贫穷。

但并没有改变他勤劳的本性，到处去打零工维生。

有一次，勤劳的人到一个富翁家做工。工作完成后，富翁送给他一只死掉的骆驼作为报酬。

这个勤劳的人高兴得不得了，把骆驼拖回家去，心里盘算着：这骆驼皮非常有价值，应该把它剥下来出售，剩下的肉则留下来慢慢享用。

勤劳的人拖着骆驼回家时，附近的邻居都跑来看他的骆驼，大家都为他高兴："这样勤劳的人终于得到报偿，卖了骆驼皮后应该可以改善他的生活吧！"

许多人围在他家的门口，观看他为骆驼剥皮。

勤劳的人拿出一把小刀，开始为骆驼剥皮，小刀很快就钝了，他跑上阁楼找到一个磨刀石，于是便在阁楼上磨刀。

磨完刀后，他跑下阁楼，又开始剥皮，剥了几下后，小刀又钝了，他又跑上阁楼磨刀。

又剥没几下，小刀又钝了，他又跑上阁楼磨刀……

他就这样跑上跑下，反反复复地来回折腾，围观的人看得眼花缭乱，莫名其妙。

跑了几百趟之后，他已经快要累死了，就动脑筋想：我这样跑上跑下磨刀子太累了，恐怕骆驼皮尚未剥好，我已经累死，我应该想一个解决的方法才对。

最后，他终于想到一个最好的方法：把骆驼拉到阁楼上，就着磨刀石剥皮。

但是通往阁楼的楼梯太小，他只好用绳索捆绑骆驼，再把骆驼从窗户吊阁楼，他才放心地自言自语："这下磨刀子就方便多了，不必再跑上跑下。"

有一些感到好奇的邻人，看他把骆驼吊到楼上，忍不住登上阁楼探看，知道他费尽千辛万苦把骆驼悬吊到楼上，是要就着磨刀石磨刀，都感到非常可笑。

这时，人们才恍然大悟为什么眼前这个人非常勤劳却非常贫穷。

这个故事告诉我们，对于工作而言，方法和勤奋都是必不可少的，但是，二者相比，方法比勤奋更重要。

工作中，我们常常会看到这样的情况：有的人工作很认真，每天都不停地忙，还常常加班加点地来完成工作，但是由于工作方法不正确，效率很低，工作绩效平平；有的人平时很少加班，因为工作方法正确，能够用较少的时间来完成工作任务，绩效相当地好。在这个重视过程，更重视结果的年代里，我们不仅要努力，更要用合理的方法做事，才更有效率。否则，辛苦劳累，还不会有效果。

有一个小村庄，村里十分缺乏水源，为了解决饮水问题，村里人决定对外签订一份送水合同，以便每天都能有人把水送到村子里。村子里有两个年轻人，分别叫阿力和阿旺，他们愿意接受这份工作，于是村里的长者把合同同时给了这两个人。

签订合同后，阿力便立刻行动起来。他每天在十公里外的湖泊和村庄之间奔波，用两只大桶从湖中打水运回村庄，倒在由村民们修建的一个结实的大蓄水池中。每天早晨他都必须起得比其他村民早，以便当村民需要用水时，蓄水池中已有足够的水供他们使用。由于起早贪黑地工作，阿力很快就开始挣钱了。尽管这是一项相当艰苦的工作，但他还是非常高兴，因为他能不断地挣钱，并且他对能够拥有两份专营合同中的一份感到满意。

阿旺呢？自从签订合同后他就消失了，几个月来，人们一直没有看见过他。这令阿力兴奋不已，由于没人与他竞争，他挣到了所有的水钱。那么，阿旺干什么去了？原来，阿旺做了一份详细的商业计划书，并凭借这份计划书找到了四位投资者，和自己一起开了一家公司。六个月后，阿旺带着一个施工队和一笔投资回到了村庄。花了整整一年时间，阿旺的施工队修建了一条从村庄通往湖泊的大容量的不锈钢管道。

后来，其他有类似环境的村庄也需要水。阿旺便重新制定了他的商业计划，开始向全国的村庄推销他的快速、大容量、低成本并且卫生的送水系统，每送出一桶水他只赚一毛钱，但是每天他能送几十万桶水。无论他是否工作，无数的村庄每天都要消费这几十万桶水，而所有的这些钱便都流入了阿旺的银行账户中。

从此，阿旺幸福地生活着。而阿力在他的余生里仍然拼命地工作着，而且还会为未来担忧着。

这个故事告诉我们：正确的做事方法比态度更重要！

成功的人讲究方法，讲究效率，而失败者往往忽略了这

工匠精神
卓越员工的十项修炼

些，只是凭借着自己的想法蛮干。当人们反复抱怨问题的困难、处境的艰难时，有人放弃，有人坚持，有人莽撞苦干，有人讲究方法，这就造成了面对同样问题却有不同的结果。所以说，一个人只有主动寻求方法去解决工作中遇到的每一个问题，敢于挑战，并在困难中突围而出，才能提高工作效率，才能奏响激越雄浑的生命乐章。

有一句俄罗斯谚语："巧干能捕雄狮，蛮干难捉蟋蟀。"这句话道出了一个普遍的真理，即做事要讲究方法，巧干胜于蛮干。巧干是一种分析判断、解决问题和发明创造的能力，是敏锐机智、灵活精明的反映，也是充满活力、随机应变的智慧。在工作中，巧干是抓住了事情的关键，并找到了有针对性方法的结果。巧干既可以减少劳动量，又可以达到事半功倍的效果。

现在是知识经济的时代，效率非常关键，没有方法就没有效率。惠普前首席执行官高建华说："惠普这样的跨国公司不提倡员工整天努力地拼命工作，而提倡员工聪明地工作，希望员工在工作中开动脑筋，想出更好的办法去解决问题、完成工作，从而提高工作质量和效率。"努力的工作本是无可厚非的，不过要想迅速攀到职业"顶峰"，这是远远不够的。许多人为了在老板面前表现自己，常常加班加点工作。这些人错误地认为唯有这样才能得到老板的赏识。其实工作效率与工作业绩才是最重要的，不能盲目地为忙而忙，也不能为做表面文章而假忙，结果却没有任何成绩。所以，我们只有采用好方法，才能真正解决问题，才能比一般人更优秀、更有效率，才能最终获得成功。

丸竹先生开着一家小作坊，卖油炸豆腐。做这种生意十分辛苦，不论寒暑，每天凌晨两点就得起床。

丸竹的媳妇可受不了这种苦，她从小在城市里长大，娘家条件好，没想到嫁过来的第二天，就得半夜爬起来炸豆腐。她想，这工作赚钱不多太辛苦，长期下去非把人累趴下不可。怎么办呢？

这个聪明的媳妇开始动脑筋了。她想："一块一块地炸，又慢又累人，这么大的油锅，咱就不能一次炸十块，同时翻动么？"由此她又想起她在娘家时，烤鱼用的架子就是可以同时烤好几块的，烤鱼和炸豆腐也差不多！

她把自己的想法告诉了丈夫，于是夫妻二人根据烤鱼架的样子，用铁丝做了一个新式"油炸豆腐器"，然后放入十块豆腐，夹好后放入油锅。以前，炸到一定程度，豆腐便会自动浮上来，这次，由于豆腐都夹在夹子里，沉在油锅中，待拿上来一看，每块豆腐的两面都焦黄、鼓胀，色香味俱佳，根本不用翻动，丸竹夫妻越炸越有劲，一口气把平时需要几小时的工作都做完了，效率提高了好几倍。

经过进一步改进，丸竹将这种新式炸豆腐器申请了专利，并生产出产品，同行们纷纷购买。后来，这项专利权又卖了两千多万日元。

可见，一种恰当的、科学的工作方法，能起到事半功倍的效果。

在工作中，许多人认为自己付出的辛勤汗水并不比别人少，但成绩却总没别人好，究其原因，主要是方法技巧问题，所以在工作中，我们还要注意做事的技巧。当遇到工作的难题时，绝对不应该一味下蛮力去干，要多动些脑筋，看看自己努力的方向是不是正确。

工作不能只靠苦干，善于寻找出路的员工是企业最宝贵的财富。他们永远都保持着高涨的创造热情，并极力将这种热情转化为实际行动，为企业的长久发展出谋划策，成为企业创富的先锋者。在当今社会，一名员工只会用业绩推动企业的发展远远不够，还应当立足企业的长远发展，开拓思维，用自己的智慧和创意引领企业的发展，这样的员工，才是当今企业最需要的人。

化繁为简，学会复杂问题简单操作

我们前面提到过"庖丁解牛"的故事，其技神乎其神！牛的身体机构无疑是很复杂的，但庖丁为什么能轻松简单将牛肢解了呢？是因为庖丁掌握了牛的肌理，自然懂得何处下刀。无论做什么事都是如此，如果能透解了、领悟了其中的道理，摸准了其中的规律，就能和庖丁一样，做到目中有牛又无牛，就能化繁为简，真正获得轻松。这就是工匠精神。

老子说："大道至简"，最深奥的道理是简明的。工作亦如此。为了提高工作效率，我们要倡导的就是把工作简单化，简单就是效率。只有将繁复的工作简化，从复杂的工作表象中走出来，工作积极主动，就能提高工作效能。

一家国际知名日化企业和中国南方一家小日化工厂分别引进了一套同样的肥皂包装生产线，但是投入使用后却发现这套设备自动把肥皂放入肥皂盒的环节存在设计缺陷，每100只皂盒中就有1—2个是空的。这样的产品投入市场肯定不行，而人工分拣的难度与成本又很高，于是，这家跨国大公司就组织技术研发队伍，耗时 1 个月，设计出了一套重力感应装置——当流水线上有空肥皂盒经过这套感应装置时，计算机检测到皂盒重量过轻以后，设备上的自动机械手就会把空皂盒取走。这家公司对于为这台设备打的"补丁"深感得意。而我国南方这家小日化工厂根本没有研发资金与实力去开发这样的补丁设备，老板只甩给采购设备的员工一句话："这个问题你解决不了就给我走人！"，结果这位员工到旧货市场花 30 元买了个二手电风扇放在流水线旁，当有空皂盒经过开启的风扇时就会因为很轻而被吹落。问题同样解决了。

同样的问题，一个花了大量的时间和精力设计一套重力感应装置，而另一个却用一个简简单单的风扇就把问题解决了。后面的方法更简单易行，而且省力、省时、省钱，这样的方法就是好方法，能想出这种简单易行的员工自然会老板对他刮目相看。

"复杂"与"简单"是两个相对的哲学概念。认识这两个概念，应该具有辩证思维。复杂问题解决起来未必就困难，简单问题解决起来也不一定就容易。因此，面对复杂问题，我们应该善于运用简单性思维，学会复杂问题简单操作。这种"简单"，并非是把问题简单化，而是揭开问题复杂性的外衣，或由繁入简，或删繁就简，直刺问题的本质。

迪斯尼乐园经过三年施工，即将开放，可路径设计仍无完美方案。一次，总设计师格罗培斯驱车经过法国一个葡萄产区，一路上看到不少园主在路旁卖葡萄少人问津，山谷前的一个葡萄园却顾客盈门。原来，那是一个无人看管的葡萄园，顾客只要向园主老太付5法郎，就可随意采摘一篮葡萄。该园主让人自由选择的方法，赢得了众多顾客的青睐。

大师深受启发，他让人在迪斯尼乐园撒下草种，不久，整个乐园的空地就被青草覆盖。在迪斯尼乐园提前开放的半年里，人们将草地踩出许多小径，这些小径优雅而自然。后来，格罗培斯让人按这些踩出的路径铺设了人行道。结果，迪斯尼乐园的路径设计被评为世界最佳设计。

我们在做任何事情的时候，千万不要把事情过于复杂化，简单的时候就是简单，太多的顾虑反而会让我们走弯路，事情的结果也会和我们希望的相反。

很多时候，工作问题本来很简单，只是人为地复杂化了，使其费时费力，又浪费成本。我们强调"把工作简单化"，这实际上是一种讲实际、求实效的作风，是一种事半功倍的工作方法，它能以最小的代价求得最大最好的效果。

在当今快速紧凑的工作节奏中，化繁为简是最好的工作原则。因为复杂的东西往往是缺乏速度的，不能迅速达到目标也就没有了效率。化繁为简有利于提高工作效率，使人们从繁忙的工作中解脱出来。以简单来驾驭烦琐是一种工作境界，也是一个人工作能力的显现。

将问题简单化，其关键点是要找到问题的关键。只有找到问题的关键，问题才能够迎刃而解。

　　世界是复杂的，但也是简单的，只是我们常常被自己的习惯性思维禁锢，从而把简单的事情弄复杂了。如何将复杂的事情回归于简单，根除工作的"复杂病"，是每一个员工需要思考的问题。

优秀的工匠找办法，平庸的工匠找借口

在工作中，我们常常会遇到这样或那样的难题和困难，有的很容易解决，有的却看起来很难。面对这样的情况，有的人会知难而退，而有的人却会积极地寻找解决的方法，而且往往结果不会让他们失望。因为后一种人始终相信：方法总比问题多。

有一次，公司派林华带领他的团队参加一个商品展销会，令林华感到懊丧的是，他被分配到一个极为偏僻的角落，而这个角落是很少有人光顾的。为他设计摊位布置的装饰工程师劝他干脆放弃这个摊位，认为在这种情况下要展览成功是不可能的，唯一办法只有等待来年再参加商品展销会。

沉思良久，他觉得自己若放弃这一机会实在可惜，而这个不好的地理位置带给他的厄运也不是不能化解，关键就在于自己怎样利用这不好的环境，使之变成整个展会的焦点。他觉得改变这种厄运需要一种出奇制胜的策略，可是怎样才能出奇制胜呢？他陷入了深深的思考。林华想到了自己创业的艰辛，想到了展销会的组委会对自己的排斥和冷眼，想到了摊位的偏僻，在他心中突然想到了偏远的非洲，自己就像非洲人一样受到不应有的歧视。

第二天，林华走到了自己的摊位前，心里充满悲哀又有些激奋，心想既然你们把我看成非洲人，那我就扮一回非洲人，于是一个计划就产生了。

林华让他的设计师给他设计了一个阿拉伯古代宫殿式的氛围，围绕着摊位布满了具有浓郁的非洲风情的装饰物，把摊位前的那一条荒凉的大路变成了黄澄澄的沙漠，他安排雇来的人穿上非洲人的服装，并且特地雇用动物园的双峰骆驼来运输货物，此外还派人定做大批气球，准备在展销会上用。

还没到开幕式，这个与众不同的装饰就引起了人们的好奇，不少媒体都报道了这一新颖的设计，市民们都盼望开幕式尽快到来，一睹为快。展销会开幕那天，林华挥挥手，顿时展厅里升起无数的彩色气球，气球升空不久自行爆炸，落下无数的胶片，上面写着："当你拾起这小小的胶片时，你的运气就开始了，我们衷心祝贺你。请到我们的摊位，接受来自遥远的非洲的礼物。"这无数的碎片洒落在热闹的展销会场，当然林华也因此奇特的改变与创意取得了巨大的成功。

任何问题都有解决的方法，方法总比问题多，关键是我们对待问题的态度。当遇到问题时，平庸者不是主动去找方法解决，而是找借口回避问题，而优秀者则是把问题当作机遇，积极地寻找解决问题的方法，将问题变为成功的机会。

李晔是一家公司的业务员。公司的产品不错，销路也不错，但产品销出去后，总是无法及时收到款。如何讨账便成了公司最大的问题。

有一位客户，买了公司10万元产品，但总是以各种理由迟迟不肯付款，公司派了几批人去讨账，都没能拿到货款。当时李晔刚到公司上班不久，就和另外一位员工一起被派去讨账。他们软磨硬泡，想尽了办法。最后，客户终于同意给钱，叫他们过两天来拿。

两天后，他们赶去，对方给了一张10万元的现金支票。

他们高高兴兴地拿着支票到银行取钱，结果却被告知，账上只有99820元。很明显，对方又耍了个花招，他们给的是一张无法兑现的支票。第二天公司就要放假了，如果不及时拿到钱，不知又要拖延多久。

遇到这种情况，一般人可能一筹莫展了。但是他突然灵机一动，于是拿出200元钱，让同去的同事存到客户公司的账户里去。这一来，账户里就有了10万元。他立即将支票兑了现。

当他带着这10万元回到公司时，董事长对他大加赞赏。之后，他在公司不断发展，5年之后当上了公司的副总经理，后来又当上了总经理。

李晔能有今天的发展，与他凡事能够主动想办法的精神密切相关。世界上没有解决不了的困难，只要积极去想方法，一定能解决任何困难，也只有积极找方法的人，才能为公司做出更大的贡献，才能得到更大的成功。

世上无难事，只怕有心人。善于解决困难的人，必是重视找方法的人。在他们的世界里，不存在困难这样的字眼，他们相信凡事必有方法去解决，而且能够解决得最完美。事实也一再证明，看似极其困难的事情，只要用心去寻找方法，必定有所突破。

我们知道，奥运会的举办权的竞争现在非常激烈，因为现在的奥运会已经不单单是体育界的盛会，更上升到了国家形象的宣传以及蕴含着巨大商机经济盛会。但是很多人可能并不知道，在1984年以前，奥运会可是个"赔本赚吆喝"的买卖，敢于申办奥运会的国家没有几个。例如，1976年，加拿大蒙特利尔奥运会亏损10亿美元；1980年，莫斯科奥运会总支出高达90亿美元，负债几乎是个天文数字，让国家背上了沉重的债务包袱。

1984年的美国洛杉矶奥运会成为了一个转折点，这一切归功于一个叫彼得·尤伯罗斯的商人。他首创了奥运会商业运作的"私营模式"，在没有政府任何资助的情况下，他创造了一个奇迹，为美国带来了2.25亿美元的盈利，把奥运会变成了人见人爱的摇钱树。

其实，尤伯罗斯一开始并不愿意接受这项任务，在一家体育经纪公司的再三相邀下，他最终才答应。在尤伯罗斯上任之初，甚至没有人愿意租办公室给奥组委，因为担心他们付不起房租，他不得不自掏腰包100美元为奥组委开了个账户。当时奥组委可谓困难重重，因为洛杉矶市政府禁止动用公共基金，加利福尼亚州又不准发行彩票，而两者都是奥运会筹款的传统模式。

为了能把这次奥运会办好，尤伯罗斯必须改变传统的举办模式。精于算计的尤伯罗斯将整个奥运活动与企业和社会的关系做了通盘的考虑，终于想出了很多点子让奥运会赚钱。其中最绝也是对后世影响最大的举措就是将奥运会实况电视转播权进行拍卖，这可是从来没有过的。

尤伯罗斯非常清楚，要想获得较高的赞助金额，必须要让赞助商觉得物有所值。而物以稀为贵，只有制造短缺、创造企业之间的竞争，才能体现奥运会赞助商的价值。所以，尤伯罗斯限定赞助商个数并规定每个行业只允许有一家赞助商。另外，他还设定了进入门槛：400万美元。

尤伯罗斯最初希望美国的公司赞助奥运会并通过奥运会来扩大企业影响。于是，他找到了柯达公司，希望柯达能成为胶卷行业的独家赞助商。但当时已占有美国90%以上市场份额的柯达觉得花400万美元不可能带来多少新的市场份额，它最多愿意出100万美元，谈判因此而失败。

这时，日本的富士胶卷听到此消息欣喜若狂，因为当时富士在美国的市场份额只有 3%，它正为打开美国市场发愁呢。富士主动联系了尤伯罗斯，不仅爽快地付了 400 万美元赞助费，还赠送了价值 300 万美元的胶卷。通过赞助洛杉矶奥运会，富士胶卷获得了与世界知名品牌可口可乐、IBM 等巨人站在一起的机会，在较短的时间内把在美国的市场份额提高到了 6%。

尤伯罗斯还把奥运火炬的长跑接力权进行了拍卖。以往的奥运会万里长跑接力，都是由有名的人士担任，但尤伯罗斯一改这种做法，表示任何美国公民都可以参与火炬接力，条件只有两个：一是身体健康能跑完 1 英里，二是需要交纳 3000 美元的费用。这一举措也为奥运会带来了数千万美元的收益。

洛杉矶奥运会给尤伯罗斯带来了空前的声誉。回首成功，他感到非常自豪：有想法就有突破点。假如他一开始就知难而退，也就不可能创造出这样辉煌的成就。每个人在工作中同样会遇到相似的情况，不要只注意眼前的困难，去寻找解决问题的方法才是你最需要去做的。

寻找解决问题的方法是不容易的，但是方法总是有的，只要我们用心去思考。工作中的难题也是一样，我们在工作中也要坚持这样的原则，方法总比问题多，有问题就必定有解决的方法。

拆掉思维的墙，突破固有的思维模式

"工匠精神"倡导的执着和专注，并不意味着墨守成规，而是强调持续推陈出新。这就需要我们突破固有的思维模式，给自己来一场思维的革命。

曾看到一个故事，讲的是一个开锁专家技术精湛、手艺高超，号称没有他打不开的锁。于是镇里的人想捉弄一下这位专家，将他关在一个注满水的箱子里，并上了一把锁，请这位开锁专家表演"水中逃生"。

专家费了九牛二虎之力，用尽了所有的开锁方法，也没能将锁打开。为了不出生命危险，专家不能不认输，才得以将头探出水面换一换气。

看了专家表演的人，无不哈哈大笑。原来，那把锁根本就没有锁死，只需轻轻一拉便可以打开了。

可能有些人读了这个故事只会淡然一笑，而我们希望大家能够读出故事背后的深意。

为什么开锁专家没能打开这把未锁死的锁呢？因为他的

头脑里已经存在了一把更为顽固的锁，使得他不会从另外一个角度去思考问题、解决问题。

的确，人的思维容易受原有知识、经验的束缚，有时被知识和经验淹没。在工作中，我们要走出经验的误区，既不要把复杂的问题简单化，又不要把简单的问题人为地复杂化。遇到问题，要善于开动大脑，不要陷在定式思维的泥沼中浪费时间和精力，不妨换一个角度，换一个立场来看待问题，也许你会得到意想不到的答案。

日本的火箭研制成功后，科学界选定 A 岛做发射基地。经过长久的准备，当进入可以实际发射的阶段时，A 岛的居民却群起反对火箭在此发射。于是全体技术人员总动员，反复与岛上居民沟通、谈判，以寻求他们的理解。可是，交涉却一直陷入泥淖状态，虽然最后终于说服了岛上的居民，可是前后却花费了 3 年的时间。

后来，大家重新检讨这件事情时，发现火箭的发射并不是非 A 岛不行，然而此前，却从来没有人发现这个问题。当时只要把火箭运到别的地方，那么，3 年前早就发射了。由于当时太执着于如何说服岛民的问题上，所以连"换个地方"这么简单而容易的方法都没有想到。

在工作中，我们之所以常常在很简单的事情上跌倒，究其原因不是我们不聪明，而是我们没有用心去思考、去探究，喜欢凭自己的经验去思考问题、解决问题。或者说这都是经验主义所形成的思维定式惹的祸。所以，一个人要进步，必须冲破原有的经验所形成的思维定式。

一位心理学家曾经说过："只会使用锤子的人，总是把一切问题都看成是钉子。"这就是人们常说的思维定式，思维一旦僵化，你就会陷入认识的泥潭，工作起来也将十分被动。在工作中，遇到问题时，一定要努力思考：在常规之外，是否还存在别的方法？是否还有别的解决问题的途径？只有懂得变通，才不会被困难的大山压倒，才能发现更好和更便捷的路径。

世上没有不转弯的路，人的思路也一样，它需要面对不同的境况和时代不断地进行转换，循规守旧就会停滞不前，最后被时代淘汰出局。

日本南极探险队第一次准备在南极过冬，便设法用运输船把汽油运到越冬基地。由于准备不充分，在实地操作中发现输油管的长度根本不够。也一下子找不出另外备用和可以替代使用的管子。再从日本运来，那时间需要近两个月。怎么办？这下子把所有队员给难住了。

这时候，队长突然提出一个很奇特的设想，他说："我们用冰来做管子吧。冰在南极是最丰富的东西，但怎样使冰变成管状呢？很多人还是糊里糊涂的。队长又说，我们不是有医疗用的绷带吗？就把它缠在已有铁管上，上面淋上水让它结成冰，然后拔出铁管，这不就成了冰管子了吗，然后把它们一节一节连起来，要多长就有多长。"

队长的聪明之处在于，突破原有的观念，在以已知的东西上进行了小小的改变和替代，制造出新的物件。

常言道："不识庐山真面目，只缘身在此山中"、"当事者迷，旁观者清"。我们的思维长期局限在一个狭小的环境中，是容易僵化的。只有拓展思维选择的可能性空间，跳出就事论事的模式，突破常规思维、习惯思维的框框，换一种想法，多一条思路，就会轻松地解决遇到的难题。

在工作中，如果一味地习惯固定的思考模式，只能使生活、工作成为机械化的程序，结果复杂了你的生活和你的心情。很多人走不出思维定式，所以他们走不出宿命般的可悲结局；而一旦走出了思维定式，也许可以看到许多别样的人生风景，甚至可以创造新的奇迹。因此，我们要摆脱固有的思维模式，换个角度来考虑问题。

有一次某省文物管理部门召开新闻发布会，提供材料称，该部门经过千辛万苦，已全部追回近几年丢失的100多件珍贵文物，为此付出了大量财力、物力、人力，避免了重大损失云云。当地几十家媒体陆续刊发了这条消息，唯独某报社一名记者迟迟没有下笔。他越想越疑惑：追回的前提是丢失；如果管理严密，没有丢失，就无须如此劳民伤财去追回；那么今天这一事实的背后是否预示着该部门管理混乱，漏洞百出呢？思维的火花一闪而过，他立即兴奋起来，着手调查采访。果然，实际情况如他所预料：仓库铁锁锈迹斑斑；气窗没有护栏，形同虚设；珍贵字画被虫蛀、鼠咬，布满蜘蛛网……半个月后，一组三篇反映该部门严重管理问题的报道刊发了，引起舆论大哗。这是一个典型的成功突破固有思维模式的例子。

突破常规的思维模式，进行创新思考，这将是一个人在工作中获得成功的法宝。所以，我们必须摆脱惯有的思维习惯，变换一下做事的方法。正如当代著名趣味数学家马丁·加德纳所说的：有些问题动用传统的常规方法理解确实很困难，但如放开思路，打破常规，灵机一动，一切难题终将迎刃而解。而这也正是工匠精神所提倡的。

换个思路就会有出路

　　传统工匠以专业、专注著称，但工匠不是"死心眼"，如果达不到预期目的，他们不会一条路走到黑。正如一位优秀的工匠所说："我想我所有的努力，都是为了发掘自己的潜力，挑战自己的极限。一旦发现极限摆在了那里，就要学会换个思路想问题。"时至今日，工匠并非只是靠着日复一日的重复达到"熟能生巧"的手艺人，其劳动目标是通过技术整合来创造性地解决问题。从这个意义上讲，工匠精神不仅意味着精益求精，还代表了对创新的追求。

　　世界上没有死胡同，关键就看你如何去寻找出路。有一句话说得好，"横切苹果，你就能够看到美丽的图案，"当你在工作中遭遇困境的时候，学着换一种眼光和思维看问题，相信你一定能够化逆境为顺境，化问题为机遇。

　　一个犹太人走进纽约的一家银行，来到贷款部，大模大样地坐了下来。

　　"您需要什么服务？先生。"贷款部经理一边问，一边打量着他的穿着：豪华的西服、高级皮鞋、昂贵的手表，还有领带夹子。

"我打算贷点款子。"

"可以，您想贷多少？"

"1 美元。"

"1 美元？"

"不错，只借 1 美元。可以吗？"

"当然可以，只要有担保，再多点也无妨。"

"好吧，这些担保可以吗？"

犹太人说着，从豪华的皮包里取一堆股票、国债等等，放在贷款部经理的写字台上。

"总共 50 万美元，够了吧？"

"够了，够了，只不过您真的只贷 1 美元吗？"

"是的。"说着，犹太人接过了 1 美元。

"年息为 6%。只要您付出 6% 的利息，一年后归还，我们就可以把这些股票还给你。"

"谢谢。"

犹太人说完，就准备离开银行。

一直在旁边冷眼观看的行长，怎么也弄不明白，拥有 50 万美元的人，怎么会来借 1 美元？他马上追上前去，拉住对方问道：

"啊，这位先生……"

"有什么事情吗？"

"我实在弄不清楚，您拥有 50 万美元，为什么只借 1 美元呢？如果您要借 30、40 万美元的话，我们会很乐意的……"

"请不必为我操心。只是我来贵行之前，问过了几家金库，他们保险箱的租金都很昂贵。所以我就准备在贵行寄存这些股票。租金实在太便宜了，一年只须花 6 美分。"

贵重物品的寄存按常理应放在金库的保险箱里，对很多人来说，这是唯一的选择。但犹太商人没有囿于常理，而是另辟蹊径，找到让证券等锁进银行保险箱的办法。从可靠、保险的角度来看，两者确实是没有任何区别的，除了收获不同。

一般情况下，人们是为借款而抵押，总是希望以尽可能少的抵押争取尽可能多的借款。而银行为了保证贷款的安全或有利，从不肯让借款额接近抵押物的实际价值，所以，一般只有关于借款额上限的规定，其下限根本不用规定，因为这是借款者自己就会管好的问题。能够钻这个"空子"，转换思路思考问题，这就是犹太商人在思维方式上的"精明"。这就是说，善于转换思路解决问题，通常能获得意想不到的成功机会。

一家著名的企业，正在招聘业务员，为了招到真正有才干的人才，要求每位应聘者必须经过一道测试：一个月内向和尚出售 100 把梳子。当应聘者们拿到这样一个题目后，几乎所有的人都表示怀疑：把梳子卖给和尚？这怎么可能呢？有没有搞错？于是，许多人都打了退堂鼓，最后只剩下甲、乙、丙三个人勇敢地接受了挑战。一个月的期限到了，三人回公司汇报各自的销售实践成果，甲仅仅卖出一把，乙卖出 10 把，丙居然卖出了 1000 把！同样的条件，为什么结果会有这么大的差异呢？公司请他们谈谈各自的销售经过。

甲说，他跑了三座寺院，受到了无数次和尚的追赶，但仍然不屈不挠，终于感动了一个小和尚，买了一把梳子。

乙去了一座名山古寺，由于山高风大，很多前来进香的善男信女的头发都吹乱了。乙找到住持，说："蓬头垢面对佛是不敬的，应在每座香案前放把木梳，供善男信女梳头。"住持认为有理，那座庙共有 10 座香案，于是住持买下 10 把梳子。

丙来到一座颇负盛名、香火极旺的深山宝刹，对方丈说："凡来进香者，都有一颗虔诚之心，宝刹应有回赠，保佑平安吉祥，鼓励多行善事。我有一批梳子，您可在上面刻上'积善梳'三字，然后作为赠品。"方丈听罢大喜，立刻买下 1000 把梳子。

听完三位应聘者的讲述，公司认为，三个人代表着推销工作中三种类型的人员，各有特点。甲是一位执着型推销人员，有吃苦耐劳、锲而不舍、真诚感人的优点；乙具有善于观察事物和推理判断的能力，能够大胆设想、因势利导地实现销售；而丙呢，他通过对目标人群的分析研究，大胆创意，有效策划、开发了一种新的市场需求。由于丙过人的智慧，公司决定聘请他为营销部的经理。

更令人振奋的是，丙的"积善梳"一出，一传十，十传百，朝拜者更多，香火更旺。于是，方丈再次向丙订货。这样，丙不但一次卖出1000把梳子，而且获得了长期的订单。

这个故事告诉我们：思路决定出路，观念决定前途。同样是在解决难题，思想老化的人年复一年，机械地重复着手边的工作，没有创意的工作让人生乏味无比。相反，会动脑子的人会借着问题，将工作上升到更高效的层面，自己也可"一劳永逸"。

有时候一个看起来很难的问题，换个思路去想却很简单，一味地去钻牛角尖可能却对问题的解决没有任何帮助。

柯特大饭店是美国加州圣地亚哥市的一家老牌饭店。由于原先配套设计的电梯过于狭小老旧，已无法适应越来越多的客流。于是，饭店老板准备改建一个新式的电梯。他重金请来全国一流的建筑师和工程师，请他们一起商讨，该如何进行改建。建筑师和工程师的经验都很丰富，他们讨论的结论是：饭店必须新换一台大电梯。为了安装好新电梯，饭店必须停止营业半年时间。

"除了关闭饭店半年就没有别的办法了吗？"老板的眉

头皱得很紧，"要知道，这样会造成很大的经济损失……"

"必须得这样，不可能有别的方案。"建筑师和工程师们坚持说。就在这时候，饭店里的清洁工刚好在附近拖地，听到了他们的谈话，他马上直起腰，停止了工作。他望望忧心忡忡、神色犹豫的老板和那两位一脸自信的专家，突然开口说："如果换上我，你们知道我会怎么来装这个电梯吗？"工程师瞟了他一眼，不屑地说："你能怎么做？"

"我会直接在屋子外面装上电梯。"

"多么好的方法啊！"工程师和建筑师听了，顿时诧异得说不出话来。很快，这家饭店就在屋外装设了一部新电梯。在建筑史上，这是第一次把电梯安装在室外。

所以，一件事，不要因为别人都这样做，我们也一定要这样做；不要因为过去是这样做，现在就得这样做。换一种思路，换一种方法，在解决问题的同时，你会发现结果可能更好。爱因斯坦曾经说过："人是靠大脑来解决一切问题的，只要每个人都能够主动去创新，相信一定能够找到更多更好解决问题的方法。"

第八章 工匠之严谨

——小事成就大事，细节成就完美

传统的工匠精神代表着一种追求细节完美、专注严谨的工作作风，不惜花费时间精力的工作态度。随着新时期工业技术的进步，大规模机器生产时代随之到来，新一轮科技革命席卷全球。新时期所倡导的工匠精神，只是作业工具和工作任务发生变化，精益求精、追求卓越的精神内核并没有改变。所以作为职场人，理应严格遵循工作标准，杜绝粗心、随意和盲目，在精、细、实上认真做好工作的每一个细小环节。因为细节决定成败，细节成就伟大。

注重细节，把工作做得更出色

工匠精神，最讲究细节。细节是什么？是表里如一，没有瑕疵；是将99%提高到99.99%。好木匠做的柜子，背面与正面都是一样的。用手做事，那是工人；用手和脑做事，那是工程师；只有手、脑、心并用，那才是工匠。要成为工匠，就必须像一个艺术家那样，既用手，还要用脑，更要用心，去营造一件完美无缺的艺术品。有了细节的完美，才可能有艺术品的完美；有了对细节的关注，才可能有精致的产品。

密斯·凡·德罗是20世纪世界最伟大的建筑师之一，在被要求用一句最简练的话来描述成功的原因时，他只说了五个字："魔鬼在细节。"他反复强调的是，不管你的建筑设计方案如何恢宏大气，如果你对细节的把握不到位，就不能称之为一件好作品。

当今美国有不少大的戏剧院出自德罗之手。他在设计每个剧院时，都要精确测算每个座位与音响、舞台之间的距离以及因为距离差异而导致不同的听觉、视觉感受，计算出哪些座位可以获得欣赏歌剧的最佳音响效果，哪些座位最适合欣赏交响乐，不同位置的座位需要做哪些调整方可达到欣赏芭蕾舞的最佳视觉效果。更重要的是，他在设计剧院时要一个座位一个座位地去亲自测试和敲打，根据每个座位的位置测定其合适的摆放方向、大小、倾斜度、螺丝钉的位置等。

他这样细致周到考虑的结果，使他成为一个伟大的建筑师。

细节决定高度，细节决定成败。那些看似不起眼的小环节，是最需要我们细心去做的。一个个细节，最能体现一个人的能力与态度，反映一个人的逻辑思维能力，反映一个人的职业素养，反映一个人的自我管理能力。现在的竞争，就是细节的竞争。一个人要成大事，就必须拥有极强的细节意识，从简单的事情做起，从细微之处入手，对每个细节都负责到底。

有一个不太出名的作家，为了写好一部长达 100 多万字的长篇小说，竟然好几次推翻了写好的草稿，重新构思。有时为了一个词放在前面还是放在后面，会想上很久。

有朋友对他说："何苦如此折磨自己呢，这么长的小说，哪个读者会注意你这个词放在前面或放在后面的差别呢，这种小细节问题犯不着让你如此纠结。"可这个作家说："即使所有读者都不在意，但是我在意！"

是的，因为不愿敷衍自己，更不敢敷衍他人，这个作家不希望自己的作品有一丝的败笔，每一个细节都不肯放过。作家在写作时，面临生活的枯燥，但他仍然在意自己工作的每一个细节，并进行反复斟酌，因为认真，精益求精，终有一天，他的作品会放出异彩，引起世人的注意。

认认真真、踏踏实实地做事，把每一个细节都做到位，这正是人生中一个既简单又深奥的哲理，也是每一个渴望事业辉煌的职场中人所应该追求的品质。

一知名企业聘请采购主管。一知名管理学院毕业生甲，一商学院毕业生乙，一民办高校毕业生丙来应聘。

主考官简单地看了一下学历，开始了笔试，结果三人在专业知识与经验上各有千秋，难分伯仲，随后这家公司的总经理亲自面试，他提出了这样一道问题，题目为：

假定公司派你到某工厂采购4999个信封，你需要从公司带去多少钱？

几分钟过后，应试者都交了答卷。知名管理学院毕业生甲的答案是430元。

总经理问："你是怎么计算的呢？"

"就当采购5000个信封计算，可能是要400元，其他杂费就30元吧！"答者对应如流。但总经理却未置可否。商学院毕业生乙的答案是415元。

对此，他解释道："假设5000个信封，大概需要400元左右。另外可能需用15元。"

第八章
工匠之严谨

总经理对这个答案同样没有发表看法。但当他拿民办高校毕业生丙的答卷，见上面写的答案是 419.42 元时，不免有些惊异，立即问："你能解释一下你的答案吗？"

"当然可以，"那名民办高校的毕业生自信地回答道，"信封每个 8 分钱，4999 个是 399.92 元。从公司到某工厂，乘汽车来回票价 10 元。午餐费 5 元。从工厂到汽车站有一里半路，请一辆三轮车搬信封，需用 3.5 元。因此，最后总费用为 419.42 元。"

总经理不觉露出了会心一笑，收起他们的试卷，说："好吧，今天到此为止，明天你们等通知。"

很明显，等到录用通知书的是那个民办高校的毕业生丙。

一个员工是否能够成为一名好员工的关键，往往就在一些细小的事情上，并且正是由于这些细小的事情，决定了不同的人有不同的"高度"。所以，如果你想成为一名好员工，那么就应该把做好工作当成义不容辞的责任，而不是负担，要认真对待、注重细节，不能有半点马虎及虚假；做工作的意义在于把事情做出色，而不是做五成、六成就可以了，应该以最高的标准来严格要求自己。

日本东京一家贸易公司有一位小姐专门负责为客商购买车票。她常给德国一家大公司的商务经理购买来往于东京之间的火车票。不久，这位经理发现一件趣事：每次去时，座位总在右窗口，返回东京时又总在左窗边。经理询问小姐其中的缘故。小姐笑答道："车去时，富士山在您右边；返回东京时，富士山已到了您的左边。我想外国人都喜欢富士山的壮丽景色，所以我替您买了不同的车票。"就是这种不起眼的细节，使这位德国经理大为感动，促使他把对这家日本公司的贸易额由 400 万马克提高到 1200 万马克。他认为，在这样一个微不足道的小事上，这家公司的员工都能想得这么周到，那么，跟他们做生意还有什么不放心的呢？确实如此，细节都注意到了，还有什么大事做不好呢？

小事成就大事，细节造就完美。一个人工作能力的大小，工作素质的高低，总能体现在无处不在的细节中。

我们应当记住，工作中无小事，细微之处见精神，将处理琐碎的小事当作是一种经验的积累，当作是做一图伟业的准备，所谓"不积跬步，无以至千里。不积小流，无以成江海"。

成功就是一个不断积累的过程。对待工作，我们应始终保持高度的注意力和责任心，始终具有清醒的头脑和敏锐的判断力，能够对每一变化、每一件小事迅速作出准确的反应和决断。具备一种锲而不舍的精神，一种坚持到底的信念，一种脚踏实地的务实态度。

一丝不苟，凡事从细节入手

工匠精神的内涵在于敬业——严谨勤奋，一丝不苟。工匠精神，不仅是一种对艺术生活的极高追求，同时也是对自我价值的最高追求和自我挑战，这背后展现出的追求过程就是细节。就组织工作而言，要把伟大事业不断推向前进，离不开每一名员工在各自岗位上的严谨细致、一丝不苟。唯有把琐碎的"小事"做好，才能树好组织部门的良好形象；唯有把小事做到尽善尽美，才能成就组织工作全局。

中国道家创始人老子有句名言："天下大事必作于细，天下难事必作于易。"意思是做大事必须从小事开始，天下的难事必定从容易的做起。

有鉴于此，他表示，把每一件简单的事做好就是不简单，把每一件平凡的事做好就是不平凡。伟大来自平凡，往往一个公司每天需要做的事，就是每天重复着所谓平凡的小事。可以毫不夸张地说，现在的市场竞争已经进入到细节制胜的时代。

公司要想成就卓越，对于细节必须精益求精。微软公司之所以会投入几十亿美元来改进开发每一个新版本，就是要确保每一个细节都不出现纰漏，不给竞争者以可乘之机。对于细节的注意，使得微软的产品几近完美，从而确定了其在竞争中的优势地位。

迪斯尼公司为观众和客人提供的优质服务，使游客在离开迪斯尼乐园以后仍然可以感受得到。迪斯尼的一项调查发现，平均每天大约有 2 万游人将车钥匙反锁在车里。于是迪斯尼公司雇用了大量的巡游员，专门在公园的停车场帮助那些将钥匙锁在车里的游客打开车门。这一切，无须给锁匠打电话，无须等候，也不用付费。这一颇重细节的服务为迪斯尼公司带来了更多的顾客。

对于一个员工来说，注重细节其实就是一种工作态度。看不到细节，或者不把细节当回事的人，必然是对工作缺乏认真的态度，对事情只能是敷衍了事。这种人无法把工作当作一种乐趣，而只是当作一种不得不受的苦役，因而在工作中缺乏热情。他们只能永远做别人分配给他们做的工作，甚至即便这样也不能把事情做好。这样的员工永远不会在公司中找到自己的立足之地。而考虑到细节、注重细节的人，不仅认真对待工作，将小事做细，而且注重在做事的细节中找到机会，从而使自己走上成功之路。因此，优秀员工与平庸者之间的最大区别在于，前者注重细节，而后者则忽视细节。

日本历史上的名将石田三成成名之前在观音寺谋生。有一天，幕府将军丰臣秀吉口渴到寺中求茶，石田热情地接待了他。在倒茶时，石田奉上的第一杯茶是大碗的温茶；第二杯是中碗稍热的茶；当丰臣秀吉要第三杯时，他却奉上一小碗热茶。

丰臣秀吉不解其意，石田解释说：这第一杯大碗温茶是为解渴的，所以温度要适当，量也要大；第二杯用中碗的热茶，是因为喝了一大碗不会太渴了，稍待有品茗之意，所以温度要稍热，量也要小些；第三杯，则不为解渴，纯粹是为了品茗，所以要奉上小碗的热茶。

丰臣被石田的体贴入微深深打动，于是将其选在自己幕下，使得石田成为一代名将。

人生就是由许许多多微不足道的小事构成的，智者善于以小见大，从平淡无奇的琐事中领悟深刻的哲理。每个人所做的工作，也都是由一件件小事构成的，但不能因此而对工作中的小事敷衍应付或轻视懈怠。

王永庆小时候家里很穷，所以无法完成学业，只好辍学去别人的米行里做伙计。他做伙计期间，就非常细心地琢磨消费人群的心理，一边留心观察来来往往的各色人等，特别是老板怎么谈生意，一边积累一点资金。

16岁那年，王永庆在老家嘉义开了一家米店。当时，小小的嘉义已有30家米店，竞争相当激烈。当时仅有200

元资金的王永庆，只能在一条偏僻的巷子里租一个很小的铺面。他的米店地段偏僻，开得晚，规模小，没有任何优势。刚开张的时候，生意冷冷清清，门可罗雀。

王永庆就背着米袋，一家一家地上门推销，但效果就是不行。王永庆感觉到，要想立足米市场，自己就必须有一些别人没做到或做不到的优势。仔细思量以后，王永庆决定在米的质量和服务上下功夫。

20世纪30年代的台湾，农村还非常落后，做饭的时候，都要淘米，很不方便。但长期积累的习惯，买卖双方都见怪不怪。

王永庆经过长期的观察在这里找到了突破口。他带领弟弟一起动手，不辞辛苦，不怕麻烦，一点点地将米里的秕糠、沙石之类的杂物挑出来，再出售。

这样，王永庆店里米的质量就比别人的高一个档次，深受顾客的喜爱，生意也就一天天好起来了。同时，王永庆在服务质量上也更进了一步。当时，客户都是自己来买米，自己扛回去。这对年轻人来说，也许并没什么；对老年人来说，就有些不方便了。王永庆注意到了这一点，便主动送货上门。这就大大方便了顾客，尤其是一些行动不便的老年人。这为米店树立了非常好的名声。

王永庆送货上门并不是简单地一放了事。他送货时，还要将米倒到米缸里。如果缸里有米，他就将旧米倒出来，擦干净米缸，然后将新米倒进去，把旧米放在上层。这样，米不至于因存放时间过长而变质。这一精细的服务，赢得了许多顾客的心，使回头客一天天变多了。

不光如此，王永庆每次送货上门后，还要用本子记下这家的米缸有多大，有多少人吃饭，多少大人，多少小孩，每人的饭量如何等。他根据记载的情况估计顾客会什么时候要米。等时候一到，不用顾客上门，他就将相应数量的米送上门来了。

在送米的过程中，王永庆发现，当地的居民大多数都靠打工为生，经济条件不富裕，许多家庭还未到发薪的时候，就已经没钱花了。由于王永庆是主动送货上门的，货到要收款，有的顾客手头紧张，一时拿不出钱来，会弄得大家都很尴尬。于是，王永庆采取"按时送米、定时收钱"的办法，先送米上门，等他们发工资后，再约定时间上门收钱。这样极大地方便了一些经济条件较差的顾客，同时在社会上树立了好形象。

很快，王永庆米行的生意就引起了整个嘉义城的注意。经过一年多的资金和客户积累，王永庆觉得时机成熟了，就自己办了一个碾米厂，并把它设在最繁华的地段。从此，王永庆开始了向台湾首富目标迈进的征程。

事业发展壮大后，王永庆的主要工作也转向了对庞大企业的管理上，在这方面，他同样注重每一个细节。他的下属也深深为王永庆能够精通每一个细节折服。当然也有不少人批评他"只见树木，不见森林"，劝他学一学美国的管理，抛开细节，只要掌控大局即可。针对这些疑问和质疑，王永庆却坚定地回答："我不仅要做大的政策，而且更要注意细枝末节、常人不太关注的细节管理，如果我们对这些细枝末节进行研究，就会掌握很多不为人知的特别之处，研究出特别的管理模式和方法。能够将两个人操作的工作量减为一个人，生产力会因此提高一倍；如果一个人能兼顾两台机器，这样生产力就提高了四倍。"

每个人所做的工作，都是由一件件小事构成的，但不能因此而对工作中的小事敷衍应付或轻视懈怠。记住，工作中无小事。所有的成功者，他们与我们都做着同样简单的小事，唯一的区别就是，他们从不认为他们所做的事是简单的小事。

看不到细节，或者不把细节当回事的人，对工作缺乏认真的态度，对事情只能是敷衍了事。这种人无法把工作当作一种乐趣，而只是当作一种不得不受的苦役，因而在工作中缺乏工作热情。他们只能永远做别人分配给他们做的工作，甚至即便这样也不能把事情做好，而考虑到细节，注重细节的人，不仅认真对待工作，将小事做细，而且注重在做事的细节中找到机会，从而使自己走上成功之路。

做好小事，成就大事

在我们的日常生活中，经常会出现这两种情况：一种是不想做小事的人，一种是做不好小事的人。大事做不好，小事不想做，是第一种人的写照，他们是认为自己有水平，有能力，对一般的事弃而不做，不加理会。第二种人愿意做小事，但意识里将小事做好的要求和标准下降，敷衍应付，事不经心。这两种人到最后是一样事都不能做好。

在工作中，没有任何一件事情，小到可以被抛弃；没有任何一个细节，细到应该被忽略。同样是做小事，不同的人会有不同的体会和成就。不屑于做小事的人做起事来十分消极，不过是在工作中混时间；而积极的人则会安心工作，把做小事作为锻炼自己、深入了解单位情况、加强业务知识、熟悉工作内容的机会，利用小事去多方面体会，增强自己的判断能力和思考能力。大事是由众多的小事积累而成的，忽略了小事就难成大事。从小事开始，逐渐锻炼意志，增长智慧，日后才能做大事，而眼高手低者，是永远干不成大事的。

通过小事，可以折射出你的综合素质，以及你区别于他人的特点。从干小事中见精神，得认可，"以小见大"，赢得人们的信任了，你才能得到干大事的机会。

有太多的人，总不屑一顾事物的细节，太自信"天生我材必有用"，殊不知，我们普通人，大量的日子，都是在做一些小事，假如每个人能把自己所在岗位的每一件小事做好、做到位，就已经很不简单了。

"无限的爱"日用品和化妆品连锁超市 DM 在德国遍地皆是。这家企业的老板名叫格茨·维尔纳，现已经拥有1370 家连锁店、两万名员工，2002 年的销售额高达 26 亿欧元。维尔纳也是同行业中最富有的，2003 年年初时他的个人财产已达到 9.5 亿欧元。

30 年前，格茨·维尔纳白手起家创建了 DM 连锁店。他有自己的一套注重细节的经营理念，有时还会因为注重细节做出一些特别"古怪"的事情。

有一次维尔纳走进一家 DM 分店时，他要求分店经理拿扫帚来。这家分店的经理把扫帚递给维尔纳，非常疑惑地说："维尔纳先生，我不明白您要它做什么？"维尔纳指着地下的灯光说："您看，灯光的亮点聚在地上，什么作用也没有。"于是，维尔纳用扫帚柄拨了一下上面的灯，让灯光照在货架上。

把灯光照在正确的位置上，维尔纳先生给他的员工做出了表率。这让他的员工很受启发。也让他的员工深刻地体会到了工作中无小事这个道理。

要做好每一件小事，首先要在理念上对小事要有个正确的认识，认识到大事是由若干小事构成的，世上无小事，对每一件小事，都要当成一件大事来做。只有认真、踏实、勤奋地做好每一件小事，才是我们做事的原则。

一个人只有在经过了"做小事"并"做好小事"的"炼狱"之后，才有可能到达"成大器"的"天堂"。一个人的成才是这样，一个企业的成功也是这样。为什么想干大事的人很多，干成大事的人却很少，原因也许正在这里。

不少职场人士不能"成大器"的原因不是因为他们不够聪明，正是因为不能正确处理"做小事"与"成大器"之间的关系。

汤姆是有"汽车王国"之称的福特公司的一名职员。20岁时进入该公司工作，刚进入公司时他一直在基层工作，从最基层打杂开始，哪里有零活他就到哪里去。经过五年的磨炼，他几乎去过生产汽车的所有部门。在这五年时间当中，他虚心好学，从最基本、最小、最杂的事做起。经过五年他已经掌握了整个汽车的装配过程。经过奋斗，他开始崭露头角，很快就晋升为领班。在这么大的公司中成为一名领班的确不容易。他成功的法宝就是从小事做起。打杂是小事，但汤姆却能在工作中学到许多平时无法学到的东西，他总是利用做每一件小事的机会去发现问题，总结经验，从中培养了自己处事经验、技术经验，对公司的各部门有了一定的了解。他从这些小事中成长起来了，已经远远超出了一个普通员工。小事为他以后成大事奠定了扎实的基础。

因此，对于企业员工来说，脑子里要有两个概念：第一，"做小事"不是你愿意不愿意的问题，而是成才过程中不可逾越的一个阶段；第二，企业员工要在"做小事"并"做好小事"的过程中逐步培养"做大事"的能力。

而从企业的角度来说，也不大可能一开始就给每个员工一件"大事"去做。这就是说，"做小事"是"成大器"不可逾越的阶段。对每一个具体的工作而言，所谓"大事"可能并不多，更多的是一些具体的小事。养成将一件一件具体事情做好的习惯，正是"成大器"的开端。你现在所做的每一件小事都能成为将来所要成就的大事的一个分子的时候，"大事"与"小事"将得到统一，"小事"也就成了"大事"。如果连这些具体的小事情都做不好，所谓"成大器"就根本无从谈起。

如果一位员工能够抱着一种积极的心态去对待"做小事"，通过深入实际、刻苦钻研、寻找规律来不断丰富自己，从而"做好小事"，你就有了一个良好的开端，成功就可能在不期然间叩响你的房门。还有一点，"做小事"容易出成绩，更能展现你的才干，你就更容易在一群人中脱颖而出。

美国前国务卿鲍威尔就是这样一个人。他不断努力，重视身边小事，对工作投入百分之百热情，才从一个平凡的清洁工成长为万人敬仰的国务卿。他刚进入职场时，唯一能做的工作就是清洁。但他并没有抱怨，相反，却把这样一份微不足道的工作做得有板有眼，而且在工作中不断吸取教训，总结经验。他甚至还研究出一个拖地板的诀窍，可以使地板拖得又快又好，省力又省时。这一切的努力并没有白费，老板一直关注着他。通过一段时间的观察，老板看到了鲍威尔的认真、细心，断定他是一个人才，于是破例提升了他。

多年后鲍威尔在回忆往事时说，他工作后积累的第一个人生经验就是从小事做起，对每一件事情都不能掉以轻心。

通过鲍威尔的故事我们可以领悟到：成功的机遇就潜藏在身边的小事中。大事情是由一件件小事组成的，大机遇也分散在这一件件小事当中。只有从小事做起，不放过各种锻炼的机会，才不会与机遇失之交臂，才会在社会中找到立足之地。

工作中有许多细微的小事，这往往也是被大家所忽略的地方，有心的员工不会看不起这些不起眼的小事的。俗话说："大处着眼，小处着手。"学做些小事，在老板看来，也许是填缺补漏，但时间长了，你考虑事情周到、能吃苦、工作扎实的作风就会深深地印在老板心中。所以说，工作中的任何事情都值得我们全神贯注地去做。

作为一个企业的员工，冯先生从事的是企业里最琐碎的一些事情。尽管他的工作小而杂，但他始终保持认真做事的好习惯，重视每一项工作。

一天，上司让冯先生替自己编一本给总经理前往欧洲用的密码电报书。冯先生不像同事那样，随意地编几张纸完事。而是编成一本小巧的书，用电脑很清楚地打出来，然后又仔细装订好。做好之后，上司便交给了总经理。后来，总经理知道了事情的真相，冯先生担任了以前上司的职位。

不要轻视自己所做的每一项工作，即便是最普通的工作，每一件小事都值得你全力以赴，尽职尽责，认真地完成。要知道，每一件小事都可能成为你的机会，小事情里往往蕴藏着大契机。

工匠之严谨

把每一件小事做到完美

　　每天重复着单调的工作，也许有人会感到乏味、无奈。却不知平凡中孕育着伟大，小事可以成就大业。对工匠来说，即便是再简单不过的工作，也要把它做到完美至极，这种工作态度对现代职场人来说也是十分重要和必要的。所谓"一花一世界"，把细微的小事做到完美，做到极致就是大事。一个连小事都做不好的人是不可能有大成就的。

　　其实，人生是由许许多多的微不足道的小事组成的，每个人的工作，也都是由一件件的小事构成的……成功者与失败者都做着同样简单的小事，最大的不同在于他们对待小事的态度。"窥一斑而见全豹"，从妥善处理点滴小事的过程中，你的能力及工作态度就会被老板和同事认同，个人形象也会在潜移默化中形成。

　　不要将处理琐碎的小事当作是一种负累，而要当作一种经验的积累过程。须知，事业上的成功从来都不是一蹴而就的，而需要不断积累。对琐事不屑一顾，处理问题时消极懈怠的人，鲜有成功者。"千里之堤，溃于蚁穴"，那些平时勤勤恳恳地工作，并且卓有成效的人，往往因为一时的疏忽大意就与唾手可得的成功失之交臂，一次失误使从前所做的种种努力都付之东流。因此，你要时刻警醒自己，千万不要重蹈覆辙。

小丽大学毕业后幸运地被一家证券公司录用，她感到十分兴奋，每天都在憧憬着自己美好的前途。然而，真正开始工作后她才发现，不知什么原因，公司给新人安排的实际工作并不多，每天让他们做的都是很多杂七杂八的事情，比如发报纸、复印、传真、文件整理等。

与小丽一同来的新人们觉得自己的工作不应该只是做杂活，总做这些事会有什么发展。而且，他们普遍都有种感觉：作为刚毕业的大学生，自己没有得到应有的重视。于是，很多人都不免满腹牢骚，便经常找借口推托。更有些人的心里产生了退意，心里每天都在盘算着寻找新的出路，工作起来更加心不在焉。

小丽的心里也觉得有些委屈，在和男朋友谈起这事时，已在职场打拼多年的男朋友笑了笑，说："小事不愿意做，怎么能做大事呢？有一句话说得好：细微处方见真品性。更何况，公司很可能就是在考察新到的员工，看一看到底哪些人是真正踏实肯干的人呢！"

听到男朋友的话，小丽的心里豁然开朗，她不再和大家一起发牢骚，见到别人不愿意做的琐事，她便接过来做，一下子就忙碌了起来，有时甚至要加班加点。其他的新同事都笑她傻，有些还说她爱表现。不管别人怎么说，小丽总是默默工作，从不多事。

小丽一点一滴的工作，公司主管都看在眼里，于是开始选择一些专业的工作给她。公司的老员工也喜欢这个"傻女孩"，很乐意将工作心得传授给她，还教她公司里人际关系如何相处。逐渐地，小丽工作上越来越顺手，人际交往也把握得越来越好。

过了两个月，在讨论新人任用的问题时，小丽被安排到了她最向往的岗位，成功地踏出了职业生涯的第一步！

在你过去的工作中，你是否也像小丽一样，认认真真地做好每一件小事？要知道，一个微小的细节也许就会改变了你人生的命运。

只有善于做小事的人才能做成大事。在工作中，我们要甘于做一些小事。通过做这些小事，积累了经验，增强了信心，日后才能干更大的事情。

任何人踏上工作岗位后，都需要经历一个把所学知识与具体实践相结合的过程，需要从一些简单的工作开始这种实践，并从实践中不断学习。所以，面对一件不起眼的小事，你要一丝不苟地扎扎实实做好，并不断积累经验。

有时，看似无关紧要的小事却往往关系到一件事情的成败，关系到个人的前途和命运。作为一名优秀的员工，你必须真正了解"平凡"中蕴藏的深刻内涵，关注那些以往认为无关紧要的平凡小事，并尽心尽力地认真做好它。因此，在工作中，我们要真正从小事做起，从细节入手，把小事做好，把细节做得更周到细致，注意在做事的细节中找到机会，这样才能赢得老板的赏识，从而使自己走向晋升之路。

在对"小事"的态度上，最值得我们学习的是海尔。因为，小事在海尔人看来是"影响发展趋势的大事"。

海尔原冰箱二厂有位干部在上班时间打瞌睡，张瑞敏竟因这件小事处罚他。这事震撼了整个集团干部。张瑞敏认为，他的事反映了当时干部中一种普遍的思想倾向，觉得公司发达了，日子好过了，多少有些骄傲自满的情绪：公司发展到今天，自己没有功劳也有苦劳，即使工作中出点毛病，也不能像过去创业时那样被惩罚了。抓毛病就要抓带倾向的毛病，干部中这样的风气滋长下去会非常危险。张瑞敏拿这件事开了刀，以威慑整个集团的干部。

1997年，《海尔人》记者在刚搬进海尔园一个月的洗衣机公司，发现三楼女洗手间的卫生纸盒被加了一把锁。他问清洁工为什么这样做，对方回答说："员工素质太低，不加锁，纸就被人拿跑了！"于是记者发表文章《谁来"砸开"这把"锁"》。文章分析道：这一锁暴露了两方面的问题，一是员工观念、素质亟待提高。上锁，这很简单，但这锁并不能提高员工的素质。卫生纸可以锁，其他问题呢？二是因为管理者头脑中有一把"锁"。放弃了最艰苦的工作——教育员工、提高员工素质，没有把教育人当作"长期作战"的战略来部署。文章希望管理者能从头脑中"砸开"禁锢自己思路的这把"锁"！

该记者的文章发表后，引起了很大的反响，集团上下展开了一场"千锤重叩砸开这把锁"的大讨论。有人说："锁，不仅解决不了问题，还会使员工产生逆反心理，结果只能适得其反。"有人说："卫生纸盒加锁锁住了观念，锁住了员工素质再提高的契机。"洗衣机公司众多员工对卫生纸上锁表示很愤慨，他们说员工的素质并不像管理者想象的那样，到了卫生纸非得上锁的地步。

集团大抓此事，让所有员工参与讨论与发言，反思一下自身的素质状况。

以小见大，以小带大。海尔的这种做法充分说明了小事的作用，说明了工作中无小事。任何小事都不是孤立的，都和大事联系在一起。小事是大事的组成部分，包含着大事的意义。做好小事是完成大事的基础和前提。因此对工作中的小事绝不能采取敷衍应付或轻视懈怠的态度。很多时候，一件看起来微不足道的小事，或者一个毫不起眼的变化，却能实现工作中的一个突破，甚至改变商场上的胜负。所以，在工作中，对每一个变化，每一件小事我们都要全力以赴地做好。

滴水能穿石，铁棒能磨成针。不要小看小事，不要讨厌小事，只要有益于自己的工作和事业，无论什么事情我们都应该尽心尽力去做。用小事堆砌起来的事业大厦才是坚固的，用小事堆砌起来的工作才是真正有质量的工作。

第九章　工匠之进取

——永不止步，铸就个人品牌谱写人生华章

优秀的工匠永远不会满足于已经取得的成就，而是不断根据环境的变化，在品种、款式、材料、工艺、流程等方面寻求改进。我们也应该发扬工匠这种不断进取的精神，树立终身学习的理念，天天向上，不断超越，永不满足；勇敢面对工作中的困难和挫折，在工作中铸练技能，在工作中铸造个人品牌，从而谱写人生美丽华章。

拥有进取心，
不想当大师的匠人不是一流匠人

　　鲁班是我国古代的一位出色的发明家和建筑大师，两千多年以来，他的名字和有关他的故事，一直在广大人民群众中流传。我国的土木工匠们都尊称他为祖师。当初，鲁班也只是一名普通木匠，但随着时间的推移，他的技艺技术日益纯熟，不满足于斧锯的重复，逐步转向建筑设计、构造原理等方面的研究和创造，并取得了一系列成就，最终就成为一名建筑大师。虽然从匠人而成为大师的总是少数，但这种进取精神是人类进步、社会发展的动力。

　　拿破仑曾说过：不想当将军的士兵不是好士兵。将军总是在优秀的士兵中成长起来的。同样，不想当大师的匠人不是一流匠人。只有不断追求，用更高的目标鞭策自己，用更高的标准要求自己，以强烈的进取心和事业心驱使自己不断提高能力，才能取得更大的成功。

　　有一个年轻人去拜访毕业多年未见的老师。老师见了年轻人很高兴，就询问他的近况。这一问，引发了这个年轻人一肚子的委屈。他说："我对现在做的工作一点都不喜欢，与我学的专业也不相符，整天无所事事，工资也很低，只能维持基本的生活。"

老师吃惊地问："你的工资如此低，怎么还无所事事呢？你应该努力工作增加自己的收入啊！"

"我没有什么事情可做，又找不到更好的发展机会。"年轻人无可奈何地说。

"其实并没有人束缚你，你不过是被自己的思想抑制住了，明明知道自己不适合现在的位置，为什么不去再多学习其他的知识，找机会提高自己呢？"老师劝告年轻人。

年轻人沉默了一会儿说："我运气不好，什么样的好运都不会降临到我头上的。"

"你天天在梦想好运，而你却不知道机遇都被那些勤奋和跑在最前面的人抢走了，你永远躲在阴影里走不出来，哪里还会有什么好运。"

老师郑重其事地说，"一个没有进取心的人，永远不会得到成功的机会。"

的确，进取心是一个人成功最重要的原因之一，是一个人不断成长、不断取得新成绩的直接动力。没有进取心，就很难产生成功的动力，成功就少了支点。

一个人无论从事何种职业，都应该竭尽全力，积极进取，尽自己最大的努力，追求不断的进步。这不仅是工作原则，也是人生原则。一旦领悟了全力以赴地工作能消除工作辛劳这一秘诀，那你就掌握了打开成功之门的钥匙了。能处处以竭尽全力积极进取的态度工作，就算是从事最平庸的职业也能增添个人的荣耀。

奥格·曼狄诺是当今世界上最能激发起读者阅读热情和自学精神的作家。他出生于美国东部的一个平民家庭。在28岁以前，他曾有一个美满的生活。但是后来，他遭遇到了人生的不幸，失去了自己一切宝贵的东西——家庭、房子和工作，几乎一贫如洗。于是，他如盲人骑瞎马，开始到处流浪，寻找自己、寻找赖以度日的种种答案。在一次偶然的机会里，他认识了一位受人尊敬的神父，也许是由于他苍白的脸庞和忧郁的眼神，神父同他展开了交谈，并解答了他提出的许多困惑人生的问题。临走的时候，神父送给他十二本书，让他从中找到了做人的道理。

从此，奥格·曼狄诺找到了自己的生活热情和勇气。在以后的日子里，他卖过报纸、推销过产品、当过销售经理……在这条他所选择的道路上，充满了机遇，也满含着辛酸。不过，他已战胜了自己，因为他拥有了一种进取的力量，他认为一个人要想做成大事，绝不能缺少进取的力量，进取的力量能够驱动人不停地提高自己的能力，把成大事者的天梯搬到自己的脚下。在这种力量的驱使下，终于，在35岁生日的那一天，他创办了自己的企业——《成功无止境》杂志社，从此步入了富足、健康、快乐的乐园，并在44岁的时候出版了《世界上最伟大的推销员》。该书一经问世，不同国籍、不同阶层、数以百万计的读者信任并感激奥格·曼狄诺，他们在书里发现了摆脱苦难的魔力，找到了照耀幸福的火炬，并因此改变了生活的轨迹。事后，有人问曼狄诺为何会走向成功？他斩钉截铁地回答说："因为我的身上有一股进取的力量，这股力量的来源就是我有一颗进取心。"

俗话说："逆水行舟，不进则退。"拥有进取心的人能够不安于现状，不甘心落后，积极进取，最终打开成功之门。有人研究了美国最成功的500个人的生平，还结识了这些人当中的许多人。他发现这些人的成功故事中都有一个不可缺少的元素，这就是强烈的进取心。这些人即使屡遭失败但仍旧十分努力。在他看来，只有能克服不可思议的障碍及巨大的失望的人，才能获得巨大的成功。正如美国著名学者奥里森·马登所说："进取心激发了人们抗争命运的力量，他来自天堂，是完成崇高使命和创造伟大成就的动力，激励着人们向自己的目标前进。进取心最终会成为一种伟大的激励力量，会使我们的人生更加崇高。"

曾慧燕幼年经历十分坎坷。她生不逢时，来到人间不到两个月就成了"右派"的女儿。在澳大利亚长大的妈妈，当时无法理解转眼间变成"人民罪人"的丈夫，被迫分道扬镳，

工匠精神
卓越员工的十项修炼

移居香港。失去了母爱的小慧燕只好离开广州回到老家——湛江吴川县梅佳镇，和爷爷奶奶相依为命。

曾慧燕小学毕业时，正值"文化大革命"的高潮，全县城的中学都对这个"右派"的女儿关上了大门。她跑遍了县里所有有关部门，直到第二年才以社会青年的身份挤进县城中学。1975年，她读完高中。因祖父膝下无人，被留城待业。1978年恢复高考，给她带来了希望。她满怀信心参加了考试，成绩也超过了录取线，但父亲的"帽子"又使她名落孙山。移居香港的母亲一直孑然一身，盼望与女儿团聚，为女儿办理了来港探亲的手续。1979年元月，曾慧燕来到了母亲的身边。

一连串不幸的生活经历并没有让曾慧燕意志消沉，反而磨砺出她积极进取的性格。刚到香港的日子里，她白天上班，晚上自修英语，并开始利用工余时间写些杂感式的小文章，试着向报社投稿。她的第一篇文章是在香港《明报》"大家谈"专栏上刊出的，这对她鼓舞很大。从此，署名曾慧燕的文章便经常出现在报端。

1980年，香港《中报》刊出招聘广告，她抱着试一试的心情将自己的经历和发表过的文章寄给《中报》。这成为她走入新闻圈的第一步。她回忆当时的情形时说："到《中报》上班的第一天，老板给两份工作让我挑选：一是资料员，一是校对。我认为校对工作对我今后的事业会有好处，通过这项工作，我可以掌握在内地所不熟悉的知识。"校对是香港报馆中地位最低的工作，工资也比资料员少300元，但曾慧燕选择了校对。

在校对的同时，《中报》为她和她的另一位同事开辟了一个名为《大城小景》的专栏，让她们每天撰写一篇短文。每天50字的专栏稿，磨炼了她的笔锋，活跃了她的思想，为她以后的成功奠定了坚实的基础。

香港的报馆没有"铁饭碗"，你乐意在这家干就干，不乐意可以走；同时你也随时都有被解雇的危险。正当曾慧燕的工作渐入佳境时，《香港日报》创刊。经《中报》老板推荐，她转入《香港日报》做了正式记者。履职后接受的第一个任务，是调查内地外流人才在港的情况。编辑部要求她每天采访一人，写成千字左右的文章并配上照片，由《乡情版》刊出。这对她这个初出茅庐的记者来说，无疑是一次考验，曾慧燕竟取得了令人满意的成果：她采访了100人，并将其中30人的材料编辑成《外流人才列传》（第一集）一书在港出版。这不仅在香港读者中引起了轰动，而且引起了内地有关部门的重视。曾慧燕也因此而成名。

曾慧燕认为，有一种不断前进的欲望在推动着她。"当我朝着一个目标努力时，这个目标又将我带到一个新的高度，使我踏上了一条通往开辟新生活的道路。我并不是总知道自己在走向何处。前进中会发生各种事情，会出现不同的情况，甚至遇到灾难，但道路也越走越广。我有一个不变的信念，就是：'保持灵活应变的能力，在自己的人生经历中，不放过任何一个成功的机遇。'"

曾慧燕事业上的成功取决于她积极进取的精神。满足现状意味着退步。一个人如果从来不为更高的目标做准备的话，那么他永远都不会超越自己，永远只能停留在自己原来的水平上，甚至会倒退。

美国富兰克林人寿保险公司前总经理贝克曾经这样告诫他的员工："我劝你们要永不满足。这个不满足的含义是指上进心的不满足。这个不满足在世界的历史中已经导致了很多真正的进步和改革。我希望你们决不要满足。我希望你们永远迫切地感到不仅需要改进和提高你们自己，而且需要改进和提高你们周围的世界。"这样的告诫对于我们每一个职业人士来说，都是必要的。

一个人应该不断地追求每一天的成功，不断地在原来的基础上努力进取。在职业领域中，无论你从事什么工作，都应该争取在这一领域处于领先地位，永葆进取心，追求卓越，是职业人士的必备要素。

在职业领域，追求是永无止境的，我们唯有不断鞭策自己，不断以更高的标准要求自己，才能取得事业上的成功。

终身学习，活到老学到老

一流匠人在面对未知、未解的难题时能够不断钻研、不断学习，我们也要学习这种精神，常怀"归零心态"和"空杯心态"，不断掌握新知识、新技能，系统学习、认真钻研，掌握精髓、融会贯通。

学习是我们发展的基础，因为只有不断地学习，掌握新知识、新技能，我们的视野才会更开阔，思路才会更清晰，我们才能紧跟时代发展的脚步，成为企业的发展动力，而不是被企业淘汰。

某软件公司新来了两名大学生，一个叫齐磊，学数学的；一个叫顾刚，学计算机的。刚进公司的时候，由于顾刚专业的先天优势，他如鱼得水，获得不少展示才华的机会，接连在好几个项目中出彩，一时颇为得意。

一年多来，他一直以自己的专业文凭为荣，总觉得自己是"科班出身"，受过专业系统训练，别人是根本竞争不过他的。于是，他躺在功劳簿上吃起了老本。平时上班一有机会就偷闲玩游戏，上网聊天，对于更深层次的软件开发研究，他丝毫没有涉猎，整天在自己营造的轻松氛围中度过，至今仍是个普通的程序员。而外行的齐磊却成了软件分析师。原因是什么呢？因为齐磊知道自己是学数学的，对计算机只是略知一二，所以就决定从头学起，从认识键盘到安装制作软件，结合教材系统，扎实地对自己进行补充，不但工作时间不溜号，而且经常早起晚归，抓住每一分钟时间学习。

在软件开发熟练掌握之后，齐磊并没有松气，而是把自己的长处充分地利用上，在大型软件的算法上下功夫，以严密的数学思维为基础编写程序。同时，对软件开发的最新动向也时刻关注着，并为此订阅了大量的报纸和杂志，吸收先进的东西，然后再结合现实开发新软件，就是这样不断地充电，齐磊现在已经从外行变成了内行。

社会竞争日趋剧烈，生活情形日益复杂，所以你必须具备充分的学识，接受充分的教育训练，来应对社会生活的变化。如果你满足现状，不思进取，那么，你就不能使自己的命运向更好的方向发展。在当今社会中，任何人都不能满足现状，只有勤奋努力，才能适应社会生活，实现职场目标。

学习的重要性不言而喻，歌德说过："人不光是靠他生来就拥有一切，而是靠他从学习中所得到的一切来造就自己。"随着人类文明的发展，知识也需要不断地更新。因此，人天天都学到一点东西，而往往所学到的是发现昨日学到的是错的。只有不断学习，才能使自己跟上社会的发展。

张学强和陈骞是高中同学，高考的成绩也不相上下，同时考入了某大学，但就在收到录取通知书的同时，张学强的母亲突患急症而入院急救，经查诊为脑溢血，因抢救及时而无生命危险，但却从此成了植物人。这无疑给那个本不宽裕的家庭造成了重创，望着白发愁眉的老父和躺在特护间里的老母，张学强决定放弃学业，以帮老父维持这个家的生计。为了偿还给母亲治病欠的债，他决定出去打工。

在建筑工地上，张学强起初是个苦力工，由于有些文化底子，经理有意要张学强到后勤去搞搞预算什么的，但后勤是固定工资，收入稳定但不高，张学强就请经理给安排在一线赚钱多点的岗位。在工作期间，张学强边干边学，不耻下问，很勤快，对任何不懂的东西都向有关的师傅请教。在实践中虚心学习，使张学强在一年多的时间里掌握了几种主要建筑工程必备的技术。但这只是实际操作知识，张学强又利用那点有限的休息时间，购置了些建筑设计、识图、间架结构等有关书籍资料，开始在蚊子叮、灯光暗的工棚里学习。

偶尔与陈骞通信，他在信里给张学强描述大学的生活如何的丰富多彩，信上说，大学里可以和同学处对象，进舞厅，同学们可以到校外去聚餐野游喝酒。张学强写信说自己打工的条件很苦，没有机会上大学了，劝陈骞要珍惜那里优越的学习机会和条件。陈骞回信说在大学里学习一点都不紧张，学的只要别太差，一样会拿到毕业证的。

第二年，张学强基本掌握了基建的各种操作技术和原理，渐渐由技术员提升为副经理。由于张学强的好学肯干精神，以及扎实的功底，公司试着给张学强一些小项目让其去施工。由于措施得当和管理到位，张学强的每个项目都完成得非常出色，在这期间，张学强仍没放弃学习，自修了哈佛管理学中的系列教程，还选学了一些和建筑有关的学科，准备参加自考，完善自我。

第三年，公司成立分公司，在竞选经理时，张学强以优秀的成绩竞选成功，他准备在这个行业中大展宏图、建功立业。

同年六月，上大学的陈骞毕业了，由于平时学习不太刻苦，有几科考得很不理想，勉强拿到毕业证。因此在很多用人单位选聘时都落选，只有一家小公司看中他，决定试用半年，由于刚毕业且在实习期，工资和待遇不高，以及工作条件不理想，陈骞很恼火。由于他学习成绩不佳，且在工作中态度不端正，双方均不满意，只好握手言别，陈骞失业了。

此时的张学强已是拥有近千人的工程公司的经理，仍在远程教育网上进修和业务相关的课程。陈骞到张学强这说自己要给他做个助手，"朋友嘛，总有个照顾。"张学强说："来是可以，我这里同样也只问效益和贡献，没有朋友和照顾，要拿得出真才实学。到哪都会得到承认，光靠朋友和照顾，那是对你以及我公司的失职，那永远是靠不住的。"

不断地学习是成功必备的重要条件。我们要用学习来武装自己的头脑，充实自己的生活。因为，只有不断地学习，才能不断地进步，只有不断地进步，才能一步步接近成功。

对职场人士的你来说，利用多余时间学一些对工作有利及提高工作效率的知识，利用目前可供自己自由思考的时间来保证你将来成功，这既是投资，也是保险，更是将来的利润。

一个真正成功的人，即使每天工作再多再累，他也绝不埋怨，并且还能腾出时间来进修。这也正是成功的秘诀之一，因为他们相信知识的力量是无穷的，学无止境。

在这个"知识经济"时代，我们必须注重自己的学习能力，必须能够勤于学习，善于学习，并且终生学习，才能在竞争激烈的社会中立于不败之地。

天天向上，每天进步一点点

在工匠精神备受推崇的日本，匠人被尊称为"职人"，日日精进，不断提升，是职人精神的基本要求，也是打造极致产品的保障。

日日精进，即每天进步一点点，这不仅仅是工匠精神，也应该成为职场人的自我增值之道。只要你每天进步一点点，每一天都是一个阶梯，都是新的一步。只有不断地追求才有不断地进步。只有不断地行动，才有不断的成就。每天进步一点点，日积月累，作为普通员工的你也会搭上成功的阶梯，摘取满意的成果。

年底，某公司的一名职工被评为优秀员工，得知消息后同事们纷纷前来祝贺。在祝贺的过程中，有不少人向其请教成功的秘诀。他淡然一笑，答道："其实成功很简单，它并没有我们想象中的那么难，只要每天都能进步一点点，你也能成功的。"

的确，"成功就是每天进步一点点。"乍听起来让人感觉十分浅显，根本算不得什么秘诀，可是细细一琢磨你就会发现其内涵是相当深奥的，很值得我们学习。

在 1985 年的美国职业篮球联赛中，洛杉矶湖人队靠着各位球员已达顶峰的球技，赢得冠军可以说是唾手可得。但是在决赛时，却意外地输给了波士顿的凯尔特人队，这让教练派特雷利和所有的球员都极为沮丧。

派特雷利是湖人队以年薪 120 万美元聘请来的教练，他绝不会让自己和球员一直在沮丧中停滞不前。为了让球员重振信心，他告诉大家说："从今天开始，我们可不可以罚篮进步一点点，传球进步一点点，抢断进步一点点，篮板进步一点点，远投进步一点点，每个方面都能进步一点点？"球员不假思索地答应了他的要求。在之后一年的训练中，球员始终抱着让自己"进步一点点"的精神，不断地提高自己的球技。

终于，在 1986 年美国职业篮球联赛中，湖人队不负众望，轻而易举地夺得了冠军。派特雷利在获得冠军的时候，对球员们说："我们的成功不是偶然的，想想，我们 12 位球员一年中在 5 个技术环节方面分别进步了 1%，所以一个球员进步了 5%，全队就进步了 60%，在球技上处于巅峰的湖人队，提升了 60%，甚至更高，所以我们获得出人意料的成绩是理所当然的。"

"不积跬步无以至千里，不积小流无以成江河。"每一个人的成功之路，都是由无数个"一点点"铺就的。只要我们每天也能稍稍改变一点点、进步一点点，并坚持下去，今天比昨天进步一点点，明天就会有更大的发展；现在比过去进步一点点，未来就会有更大的飞跃。

纽约的一家公司被一家法国公司兼并了，在兼并合同签订的当天，公司新的总裁就宣布："我们不会随意裁员，但如果你的法语太差，导致无法和其他员工交流，那么，我们不得不请你离开。这个周末我们将进行一次法语考试，只有考试及格的人才能继续在这里工作。"散会后，几乎所有人都拥向了图书馆，他们这时才意识到要赶快补习法语了。只有一位员工像平常一样直接回家了，同事们都认为他已经准备放弃这份工作了。令所有人都想不到的是，当考试结果出来后，这个在大家眼中肯定是没有希望的人却考了最高分。原来，这位员工在大学刚毕业来到这家公司之后，就已经认识到自己身上有许多不足，从那时起，他就有意识地开始了自身能力的储备工作。虽然工作很繁忙，但他却每天坚持提高自己。作为一个销售部的普通员工，他看到公司的法国客户有很多，但自己不会法语，每次与客户的往来邮件与合同文本都要公司的翻译帮忙，有时翻译不在或兼顾不上的时候，自己的工作就要被迫停顿。因此，他早早就开始自学法语了；同时，为了在和客户沟通时能把公司产品的技术特点介绍得更详细，他还向技术部和产品开发部的同事们学习相关的技术知识这些准备都是需要时间的，他是如何解决学习与工作之间的矛盾呢？就像他自己所说的一样："只要每天记住 10 个法语单词，一年下来我就 3600 多个单词了。同样，我只要每天学会一个技术方面的小问题，用不了多长时间，我就能掌握大量的技术了。"

每天的一点点进步，是铸就你事业成功大厦的基石，是你立身于世界的垫脚石，更是你人生道路上的铺路石。

每天一点点地进步看起来微不足道，但天天都有目标，时时都能努力，人人都可为之，仅此而言，已弥足珍贵。人与人之间的差别最初也许只有一点点，随着时间的推移，便产生天壤之别，原因就在于平时进步积累的多与寡。每天用 5 分钟改进自己的工作，每周 5 个工作日都这么坚持改进，几年下来就会成为这个行业的行家里手。虽然每天只进步一点点，但每天都超越了昨天，如此日有所进、月有所变，用心写好每天进步一点点的加号，不论钻研什么学问、从事什么工作，都能享受胜利的喜悦，达到理想的高峰。

不断超越，激发自身的潜能

为了追求完美品质，工匠不断雕琢自己的产品、不断改善自己的工艺、不断汲取各方的成果，通过勤奋学习、不懈奋斗、执着追求和长期积累，最终成就了工匠的精湛技艺。这种不断超越自己的精神是当今时代需要借鉴的。

西方有句名言："一个人的思想决定一个人的命运。"不敢向高难度的工作挑战，是对自己潜能的画地为牢，只能使自己无限的潜能化为有限的成就。

在1968年的墨西哥奥运会上，美国选手吉·海因斯以9.95秒的成绩打破了男子百米赛跑的世界纪录。当时摄像镜头记录到，他在撞线后回头看了一眼记分牌，然后摊开双手说了一句话。这一情景后来通过电视转播信号，至少被好几亿人看到，但由于他身边没有话筒，他究竟说了句什么话，谁都不知道。

1984年洛杉矶奥运会前夕，一位叫戴维·帕尔的记者在办公室回放奥运会的资料片。当再次看到海因斯当年破纪录的镜头时，他想，这是历史上第一次有人在百米赛道上突破10秒大关，海因斯在看到纪录的那一瞬，一定替上帝给人类传达了一句不同凡响的话，这一新闻点竟被400多名记者给漏掉了（在墨西哥奥运会上，到会记者有431名），这实在是太遗憾了。于是他决定去采访海因斯，问他当时到底说了句什么话。

凭借做体育记者的有利条件，他很快找到了海因斯，但是提起16年前的事时，海因斯一头雾水，他甚至否认当时说过话。戴维·帕尔说："你确实说话了，有录像带为证。"海因斯打开帕尔带去的录像带，笑了，说："难道你没听见吗？我说：'上帝啊！那扇门原来虚掩着'。"海因斯解释道："自欧文斯创造了10.3秒的成绩之后，医学界断言，人类的肌肉纤维所能承载的百米跑最短时间不能少于10秒。看到自己9.95秒的纪录后，我惊呆了，原来10秒这个门不是紧锁着，而是虚掩着，就像终点那根横着的绳子。"

"上帝啊！那扇门原来虚掩着。"海因斯的这句话给世人留下了极大的震撼。它使我们认识到，很多时候困难和阻力被我们的心放大了，好像是有一块拦路石横在我们通向成功的路上，但只要你尽全力一试，就会发现许多门都是虚掩着的。人类在遇到绝境的时候，往往会发挥出数倍于平常的能力，这便是潜能。

前百米世界冠军告诉我们，每个人的潜能都是无限的，你要做的是放开你的心，开发你的心。积极上进、坚持梦想的心，可以激发你内心的潜能。

一位音乐系的学生走进练习室，钢琴上摆着一份全新的乐谱。

"超高难度……"他翻着乐谱，喃喃自语，感觉自己对弹奏钢琴的信心似乎跌到谷底。"已经三个月了！自从跟了这位新的指导教授之后，他总是以这种方式整人。"勉强打起精神，他开始挥舞着自己的双手练习、失败、再练习……琴音盖住了教室外面教授走来的脚步声。

教授是个非常有名的音乐大师。授课的第一天，他给自己的新学生一份乐谱，"试试看吧"，他说。乐谱的难度颇高，学生弹得生涩僵滞、错误百出。"还不熟练，回去好好练习！"教授在下课时，如此叮嘱学生。

学生练习了一个星期，第二周上课时正准备让教授验收，没想到教授又给他一份难度更高的乐谱。"试试看吧！"上星期的谱子，教授也没再提。

第三周，更难的乐谱出现了。同样的情形持续着，学生每次在课堂上都被一份新的乐谱所困扰，然后把它带回去练习，接着再回到课堂上，又要面临更高难度的乐谱，却怎么样都追不上进度，从来都没有因为上周的练习而有驾轻就熟的感觉。

学生再也忍不住了，他要求钢琴教授为三个月来不断折磨自己的授课方式作出解释。

教授没开口，他抽出最早的那份乐谱交给了学生。"弹奏吧！"他以坚定的目光望着学生。

不可思议的事情发生了。连学生自己都惊讶万分，他居然可以将这首曲子弹奏得如此美妙，如此精湛！教授又让学生试了第二堂课的乐谱，学生依然呈现出超高水准的表现……演奏结束后，学生怔怔地望着教授，说不出话来。

"如果我任由你表现最擅长的部分，可能你还在练习最早的那份乐谱，就不会有现在这样的水平。"钢琴大师缓缓地说。

有时候我们被表面的困难所迷惑，有时候被自己脆弱的心所羁绊。我们不能放开手去干，因为我们惧怕失败，被陈规旧俗所束缚。要想打破常规、更进一步，我们须要不断地尝试，不管失败还是成功，让现实去做判断。

挑战自己，是对自身潜能的一种激发。人往往习惯于表现自己擅长的部分，但如果你愿意尝试就会恍然大悟：以前那些看似不可完成的工作挑战、令人窒息的环境压力，却让你在不自觉间练就了今日的高超本领。

玛丽是美国圣保罗市的缝纫机推销员，每月平均保持销售 15 台的纪录，这一纪录一直使她倍感骄傲。有一天，玛丽在鱼市上向一位中年人推销，却遭到呵斥，并警告说如果她再不离去，就要把水泼到她身上。玛丽并未介意，还想继续同他讲话，但做梦也想不到的是，那位中年人竟然真把整桶水毫不客气地倒向了她，使她当众成了一个落汤鸡。受到这种羞辱，她不禁泪珠滚滚。"我何必要接受这种耻辱？即使我不做缝纫机的推销工作，丈夫的收入也足够养活一家人。在外抛头露面，还碰到这种惹人笑话的事……我……再也不干推销员了！"

玛丽下定了决心。但是，她回家之后就冷静了下来，她觉得自己不能在这种耻辱的面前退却，一股不服输的念头油然而生。经过数天的思考，她终于得出一个结论："目前，我在公司一直是推销冠军，也许，这个工作就是我的天职，很可能是上帝有意的安排。如果我就此停止推销工作，这一生必定死都要受这次失败和耻辱感的缠绕，永远不得安宁。好吧，我绝不为这次事件而气馁，我要一直维持冠军宝座到四个孩子大学毕业。"此后，玛丽以鱼市上的失败为新的起点，创造了连续15年推销成绩第一的佳绩。在美国的任何行业，至今还没有一个推销员，改写这一在自己的公司守住15年冠军宝座的纪录。正是因为玛丽激发了自己的能力，不向失败低头，才赢得了属于自己的荣誉。

任何成功者都不是天生的，成功的根本原因是开发了人的无穷无尽的潜能。每一个人的内部都有相当大的潜能。正如爱迪生所说："如果我们做出所有我们能做的事情，我们毫无疑问会使我们自己大吃一惊。"

在工作中，激发潜能是为了使我们的能力和聪明才智充分地发挥出来，为我们的事业打下坚实的基础，使我们在人生的道路上不断地超越自我，挑战自我，充分体现自我的人生价值，创造美好的人生！

新希望集团总裁刘永行说过："如果我们每个人不是把事情做到九分，而是做足十分，如果整个企业所有人都这样，我相信我们的员工就能拿到十倍于现在的工资。如果我们每个人的工作都改进一点，做足十一分，尽到十二分的责任，我们就能够赶上欧美。企业发展了，个人也才能随之发展。"

"没有最好，只有更好！"不管你从事什么行业，不管你有什么样的技能，也不管你目前的薪水多丰厚、职位多高，你仍然应该不断激励自己："不断刷新我的业绩，我的位置应在更高处。"因为成功是没有上限的。

自我反省才能持续精进

一流的工匠并不追求永不犯错的理想境界，而是设法及时发现自己工作上的偏差，并尽快回到正轨上。定期进行自我反省就是一种很好的方式。

所谓反省就是反过来审查自己，检讨自己的言行，看有没有要改进的地方。法国牧师纳德·兰塞姆去世后，安葬在圣保罗大教堂，墓碑上工工整整地刻着他的墓志铭："假如时光可以倒流，世界上将有一半的人可以成为伟人。"一位游客在解读兰塞姆手迹时说："如果每个人都能把反省提前几十年，便有 50% 的人可能让自己成为一名了不起的人。"他们的话，道出了反省之于人生的意义。

一般来说，能够时时反省自己的人，是非常了解自己的人。他们会时时考虑：我到底有多少力量？我能干些什么事？我的缺点在哪里？我有没有做错什么？……这样一来，他们能够轻而易举地找出自己的优点和缺点，为以后的行动打下基础。

善于自我反省的人，生活中处处都是提高自我的机会。古今中外许多伟人，就是通过反省来战胜自己内在的敌人，打扫自己思想灵魂深处的污垢尘埃，减轻精神痛苦，从而净化自己的精神境界。

18世纪法国伟大的思想家、文学家卢梭，他在少年时，曾经将自己极不光彩的盗窃行为转嫁在一个女仆的身上，致使这位无辜的少女蒙冤受屈，并被主人解雇。后来这件"卑鄙龌龊"的行为，使他深深地陷入痛苦的回忆中。他说："在我苦恼得睡不着的时候，便看到这个可怜的姑娘前来谴责我的罪行，好像这个罪行是昨天才犯的。"

后来，卢梭在他的名著《忏悔录》中，对自己作了严肃而深刻的批判。他敢于把这件"难以启齿"而抱恨终生的丑事告诉世人，也显示了他勇于忏悔的坦荡胸怀和不同凡响的伟大人格。

金无足赤，人无完人。人活在世上，谁都难免有这样或那样的缺点和错误，谁都难免有丑陋的一面。就连爱因斯坦都宣称，他的错误占90％，那么普通人身上的错误就更不用说了。所以，每个人都要经常跳出自身反省自己，取出自己的心，一再地检视它，这样才能真正了解自己。对于领导者来说，也是如此。

古人云："以铜为镜可以正衣冠，以古为镜可以知兴替，以人为镜可以明得失。"工作中，我们也应时常"照镜子、正衣冠"，经常反省自己，审视自己的工作业绩。微软公司总裁比尔·盖茨说过："对于成功的企业和企业家来说，其事业最大的威胁不是来自竞争对手，而是来自于他们自身"。此语非常值得深思。人生没有永久辉煌，"月盈则亏，水满则溢"。成功者首先要做到的是头脑清醒，眼光明亮，像孔子一样不断"三省吾身"，从非理性的高处逼降；像唐太宗一样不断"三镜自照"，不断地矫正人生的航标，从新的角度和立场去思考做事和做人。甩掉成功的包袱，才能获得更大的成功。

美国通用公司前 CEO 韦尔奇虽然在任时工作很忙，但是每个星期的星期六晚上，他总要抽出一晚上的时间，把自己关在书房里，安安静静地检查反思自己：自己在工作上有什么没做好，哪些地方今后应该继续做好，自己有没有武断地做出主观的决定。对于这每周必做的必修课，他的理由是：若每年检查一次实施成果，则一年只有一次机会可以改正错误；若每月检查一次，则一年有十二次机会改正错误；若每天检查一次，则一年有三百多次机会改正错误。所以，每天的衡量次数增多，机会当然会相对增加。因为韦尔奇的工作实在太忙了，所以只能每周一次。正因为这样，韦尔奇才能领导着危机重重的通用一步步走向辉煌。

韦尔奇之所以取得这么大的成就，不能不说和他的坚持自我反省是有着巨大关系的。

反省是成功的加速器。经常反省自己，可以去除心中的杂念，可以理性地认识自己，对事物有清晰的判断；也可以提醒自己改正过失。只有全面地反省，才能真正认识自己，只有真正认识了自己并付出了相应的行动，才能不断完善自己。

反省是人生重要的功能，它是一种自我检查的活动，还是一种学习能力，是认识错误、改正错误的前提。事实证明，自我反省能力能够促使我们更快地成功。

一个善于自我反省的人，往往能够发现自己的优点和缺点，并能够扬长避短，发挥自己的最大潜能；而一个不善于自我反省人，则会一次又一次地犯同样的错误，不能很好地发挥自己的能力。所以，经常自我反省很重要。

自我反省是认识自我、发展自我、完善自我和实现自我价值的最佳方法。我们不妨在每天结束时，好好问问自己下面的问题：今天我到底学到些什么？我有什么样的改进？我是否对所做的一切感到满意？如果领导者每天都能改进自己的能力并且过得很快乐，必然能获得意想不到的丰富人生。真诚地面对这些提出的问题就是反省，其目的就是让我们不断地突破自我的局限，开创成功的人生。

学以致用，将理论联系实际

《庄子》中记有一则故事：

在我国春秋战国时代，有一位擅长做车轮的能工巧匠，他的名字叫轮扁。

一天，齐桓公在殿堂上读书，轮扁在堂下砍削车轮。齐桓公读书读到妙处，不禁摇头晃脑、口中念念有词，很是得意。轮扁见桓公这样爱书，心里觉得纳闷。他放下手中的锥子、凿子，走到堂上问齐桓公说："请问，大王您所看的书，上面写的都是些什么呀？"齐桓公回答说："书上写的是圣人讲的道理。"轮扁说："请问大王，这些圣人还活着吗？"齐桓公说："他们都死了。"于是轮扁说："那么，大王您所读的书，不过是古人留下的糟粕罢了。"

齐桓公很是扫兴。他对轮扁说："我在这里读书，你一个做车轮的工匠，凭什么瞎议论呢？你说圣人书上留下的是糟粕，如果你能谈出个道理来，我还可以饶了你，如果你说不出道理来，我非杀你不可！"

轮扁不紧不慢地回答齐桓公说："我是从自己的职业和经验体会来看待这件事的。就说我砍削车轮这件事吧，速度慢了，车轮就削得光滑但不坚固；动作快了，车轮就削得粗糙而不合规格。只有不快不慢，才能得心应手，制作出质量最好的车轮。由此看来，削车轮也有它的规律。可是，我只能从心里去体会而得到，却难以用言语很清楚明白他讲授给我儿子听，因此我儿子便不能从我这里学到砍削车轮的真正技巧，所以我已经70岁了，还得凭自己心里的感觉去动手砍削车轮。由此可见，古代圣人心中许多只可意会、不可言传的知识精华已经随着他们死去了，那么大王您今天所能读到的，当然只能是一些古人留下的肤浅粗略的东西了。"

这则寓言告诉我们一个道理：学以致用。人类为了让知识造福于自己，才对知识进行学习和掌握。如果不学以致用，那么再好的知识也是一堆废物。这也是工匠精神所倡导的。

知识只有在运用中才会发挥它的巨大作用，这也正是成功者之所以能做成大事的关键所在。所以，只有将知识与实践结合起来，才会取得良好的效果。

清朝有一个姓张的读书人，他讲古书时，可以滔滔不绝，讲得头头是道。可是，若让他去处理世事时，他却显得很迂腐。

有一天，他得到了一部兵书，如获至宝，把自己关在家里读了好几天，并自以为熟通兵法了。

正好，有一群土匪聚众闹事，于是他就召集了乡兵，前去平乱。

可是，在他按兵书上所说的作战示意图行事之后，在初次交锋时，就被土匪击溃，他自己也险些被土匪抓走。

后来，他又得到了一部关于水利方面的书，对书进行一番苦读之后，他认为他已能让所有土地变成良田。于是让人按他的图纸兴修水利，结果水从四面八方的沟渠流进了村里，险些把村里的人全部淹死。

这个故事听起来让人捧腹，但是也让人深思，它嘲讽了那些一切以书为法的读书人，这些书呆子不能对书本知识进行变通，不能把学与用结合起来，所以导致了不堪设想的后果。

读书的目的就在于应用，在于指导人们的生活，读书而不与实际相联系，是没有用的。最为行之有效的读书方法便是与实际相联系地读书。

南宋著名诗人陆游曾在《冬夜读书示子聿》中对他的儿子进行劝勉道：

古人学问无遗力，少壮工夫老始成。

纸上得来终觉浅，绝知此事要躬行。

  如果你不以得来纸上东西为满足，那么就应把书上的知识运用到实际上去，这样不但可免于浮躁，还可为社会创造财富，并在学以致用中获得更多更丰富的知识。

  能把所学的知识运用到自己的实际工作中，是有进取心的员工必备的一种能力和习惯，否则学而无用。书本的知识是基础，想将书本知识应用与实际生活之中，必须再用自己的理解进行消化吸收才行。因此，要想将知识转化为生产力，就要养成学以致用的习惯，从而所学有所用，所学为你所用。

第十章 工匠之坚持

——因为热爱，所以执着

"工匠精神"是低调的，耐得住寂寞的，是不哗众取宠的，是冷眼旁观的，是忠于内心的。而成就"优秀工匠"，注定是一条艰苦、枯燥、漫长的发展路径，会承受诸多失败、冷眼，甚至会有漫长的煎熬。作为职场人，我们也要有坐冷板凳十年的魄力，耐得住工作上的枯燥与寂寞，经得起职场的诱惑耐力与韧劲。为自己的一念执着，坚守一生。

难受也要忍一忍，忍耐之中见成效

　　工匠从入行到成为一流"匠人"要经历种种痛苦和挫折，勇敢直面困难并坚强地走出困境才能成长为"匠人"。职场人也应有这种忍耐力，以良好心态应对繁忙的工作，把艰苦付出当作人生难得的学习机会和个人成长的难得机遇，把甘为人梯视为常态，才能以苦为荣、以苦为乐。

　　忍耐，是克服一切困难的保障，它可以帮助人们成就一切事情，达到理想。有了忍耐，人们在遇到大灾祸、大困苦的时候，就不会无所适从；在各种困难和打击面前，就仍能顽强地生活下去。世界上没有其他东西，可以代替忍耐。它是不可缺少的。

　　忍耐，是所有成就大事业的人的共同特征。他们中有的人或许没有受过高等教育，或许有其他弱点和缺陷，但他们一定都是坚韧不拔的人。劳苦不足以让他们灰心，困难不能让他们丧志。不管遇到什么曲折，他们都会坚持、忍耐着。

　　日本矿山大王古河市兵卫，小时候做过豆腐店工人，后来受雇于高利贷者，当收款员。有一天晚上，古河前往一个借贷者处催着要钱，对方以淡漠、不理睬的态度对待他。让古河一个人在那儿干坐，到睡觉时干脆熄灯就寝，就像没有古河这个人。古河也不为所怒，静静地坐在那里，忍冻挨饿一直乖乖地等到天亮。第二天清晨，古河端坐如初，脸上照旧堆满笑容，没有露出一丝怒意。对方被古河的耐性所感动，态度为之一变，恭恭敬敬地把钱还给他。

古河这种认真随和而又富有耐性的态度，老板大为欣赏。没多久，老板就介绍他去财主古河家做了养子。之后，他买下一处废铜矿——足尾铜矿。

这个足尾矿井是一个早已为他人放弃的废矿井，世人皆认为该矿已经是一块铜矿石也没有了。因此，他一开始掘凿，人们就不断嘲笑，认为得不偿失，视古河为疯子。然而，古河不为人所动，靠耐心和意志，跟矿工们一起日夜辛苦地挖掘，但结果十分令人失望。

一次失败，他没灰心。他又从西欧引进新技术，买进新机器，接着再干。他在挖掘新矿坑时受了伤，但他并没有因此而打退堂鼓，伤还未完全好就出现于矿坑现场，继续苦干。两年过去了，资金天天减少，但却不见铜的影子。古河一点儿也不气馁，面对困境，咬紧牙关，抱定死在矿山的决心，跟矿工们同甘共苦，每天挖掘不止。经过四年艰苦奋战，终于挖出了铜矿，完成了别人认为不可能成功的事。

当有人问古河成功的秘诀时，他说："我认为发财的秘方是'忍耐'两个字。有忍耐的人，一定能够得到他所要的东西。"

以坚忍为资本去从事事业的人，他们所取得的成功，比以金钱为资本的人更大。许多人做事有始无终，就因为他们没有充分的坚忍力，使他们无法达到最终的目的。然而，一个伟大的人，一个有坚忍力的人却绝非这样。他不管情形，总是不肯放弃，不肯停止，而在再次失败之后，会含笑而起，以更大的决心和勇气继续前进。

有一位佛法很高的老和尚。一次，他应邀请去一个寺庙讲经。

那天，在寺庙的大厅里座无虚席，人们在热切地、焦急地等待着那位佛法很高的大师作精彩的演讲。在寺庙大厅的正中央吊着一个巨大的铁球，为了这个铁球，厅上搭起了高大的铁架。

一位老和尚在人们热烈的掌声中走了出来，站在铁架的一边。

人们惊奇地望着他，不知道他要做出什么举动。

这时两位小和尚，抬着一个大铁锤，放在老者的面前。此时,老和尚对在场的人讲: 请两位身体强壮的人，到台上来。好多年轻人站起来，转眼间已有两名动作快的跑到了台上。老人告诉他们游戏规则，请他们用这个大铁锤，去敲打那个吊着的铁球，直到把它荡起来。一个年轻人抢着拿起铁锤，拉开架势，抡起大锤，全力向那吊着的铁球砸去，一声震耳的响声，吊球动也没动。他接着用大铁锤接二连三地砸向吊球，很快他就气喘吁吁。另一个人也不示弱，接过大铁锤把吊球打得叮当响，可是铁球仍旧一动不动。台下逐渐没了呐喊声，观众好像认定那是没用的，就等着老和尚做出解释。

会场恢复了平静，老和尚从上衣口袋里掏出一个小铁锤，然后认真地面对着那个巨大的铁球敲打起来。

他用小锤对着铁球"咚"敲一下，然后停顿一下，再一次用小锤"咚"地敲一下。人们奇怪地看着，老人就那样"咚"敲一下，然后停顿一下，就这样持续地做。

10 分钟过去了，20 分钟过去了，会场早已开始骚动，有的人干脆叫骂起来，人们用各种声音和动作发泄着他们的不满。老和尚仍然敲一小锤停一下地工作着，他好像根本没有听见人们在喊叫什么。人们开始愤然离去，寺庙大厅里出现了大片大片的空缺。留下来的人们好像也喊累了，会场渐渐地安静下来。

大概在老人敲打了 40 分钟的时候，坐在前面的一个人突然尖叫一声："球动了！"刹那间会场鸦雀无声，人们聚精会神地看着那个铁球。那球以很小的幅度动了起来，不仔细看很难察觉。老和尚仍旧一小锤一小锤地敲着，吊球在老和尚一锤一锤的敲打中越荡越高，它拉动着那个铁架子"哐

工匠精神
卓越员工的十项修炼

哐"作响，它的巨大威力强烈地震撼着在场的每一个人。终于场上爆发出一阵阵热烈的掌声，在掌声中老和尚转过身来，慢慢地把那把小锤揣进兜里。

老和尚开口讲话了，他只说了一句话："在成功的道路上，你如果没有耐心去等待成功的到来，那么，你只好用一生的耐心去面对失败。"

做任何事，是否不达目的不罢休，这是测验一个人意志品格的一种标准。坚忍是一种极为可贵的德性。许多人在情形顺利时肯随大众向前，也肯努力奋斗。但当大家都退出，都已后退时，还能够独自一人孤军奋战的人，才是难能可贵的。这需要很强的忍耐力。

如果你想在工作上有所成就，忍耐是个很重要的问题，也就是在职场上拼搏需要有很强的忍耐力，否则，很难一步一步地向上攀登，登上更高的平台；如果心态浮躁，没有忍耐力，就会使自己离成功更远。忍耐，是克服一切困难的保障，它可以帮助人们成就一切事情，达到理想。

杰克逊年轻时到某大企业应聘部门主管，负责招聘的总经理经过仔细考核，决定聘用他。但提出一个令杰克逊几乎难以接受的条件：考察三个月。三个月内，他必须到公司的销售店铺向顾客介绍产品。杰克逊有些想不通：部门主管怎么去干与售货员同样的工作？这难道就是我的命运吗？

经过一番冷静思考，杰克逊坦然接受了这份工作。然而，他内心中并没有屈服于这种命运的安排。他决定在这个不起眼的岗位上干出一番成绩。三个月考察期内，杰克逊兢兢业业，从早到晚向顾客推荐产品。在他的努力下，产品销售量直线上升。六个月以后，公司经理因身体状况被调离岗位，杰克逊取而代之。一年后，公司董事长投资其他项目，他荣登董事长宝座。

在工作中，要想取得成就，难免会经历一段曲折的忍耐过程。忍耐是一种对人生的等待，我们要在忍耐中学会蓄积力量。无论目前你的职位是多么低微，或是工作多么乏味、单调，只要你能够忍耐并不断地汲取新的、有价值的知识，就会对你的事业大有裨益。有一些人，尽管薪水微薄，却愿意利用晚上和周末的时间到补习学校去听课，或者买书自学。就是因为他们明白在忍耐中蓄积力量——知识储备越多，发展潜力就越大。

坚持不懈，用执着去演绎精彩

　　工匠，是坚持不懈者、精雕细琢者。工匠精神蕴含的是坚如磐石、心无旁骛的品质。"贵有恒，何必三更眠五更起；最无益，莫过一日曝十日寒。"要完成一项工作最为难能可贵的就是善始善终地坚持到底。在建功立业的过程中，我们难免会经历孤独、遇到困难、面对诱惑，这时一定要执着地坚持下去，耐住寂寞、稳住心神、经住诱惑，不达目标，决不言弃。事业千古事，非一朝一夕之功。工作推动像工匠求艺那样，一定要耐得住寂寞，稳得住心神，经得住诱惑，要有滚石上山的勇气和气魄，少一些急功近利，多一些真抓实干，一步一步推进，一点一点积累，实现量变到质变的跨越。

　　其实，成功的法则是很简单的，那就是锲而不舍，只要你能坚持到底，你就会赢得最后的胜利。

　　世上的事，只要不断努力去做，就能战胜一切。哪怕事情再苦、再难，只要我们持之以恒、坚持到底，我们就有希望，就有成功的可能。

第十章

工匠之坚持

每一个伟大的成功，其秘密都在于不屈不挠的意志力和执着顽强的忍耐力；即便因为屡次失败而遍体鳞伤，仍然痴心不改，坚持到底！

斯尔曼曾经是纽约时报的一个小职员。他大学毕业后，来到报社当广告业务员。他对自己的能力充满了无比的信心，甚至向经理提出不要薪水，只按广告费抽取佣金。经理答应了他的请求。

上班的第一天，斯尔曼就列出一份客户名单，准备去拜访一些特别而重要的客户，他认为只有争取到大客户，才能使自己获得的佣金更多，而公司其他业务员都认为他痴心妄想，想要争取这些客户简直是天方夜谭。在拜访这些客户前，斯尔曼把自己关在屋里，站在镜子前，把名单上的客户念了10遍，然后对自己说："在本月之前，你们将向我购买广告版面。"之后，他怀着坚定的信心去拜访客户。第一天，他以自己的努力和智慧与20个"不可能的"客户中的3个谈成了交易；在第一个月的其余几天，他又成交了两笔交易；到第一个月的月底，20个客户只有一个还不买他的广告。

对于斯尔曼的表现，经理十分满意。但斯尔曼本人却不这么认为，他依然锲而不舍，坚持要把最后一个客户也争取过来。第二个月，斯尔曼没有去发掘新客户，每天早晨，那个拒绝买他广告的客户的商店一开门，他就进去劝说这个商人做广告。而每天早晨，这位商人都回答说："不！"每一次斯尔曼都假装没听到，然后继续前去拜访。到那个月的最后一天，对斯尔曼已经连着说了数天"不"的商人口气缓和了些："你已经浪费了一个月的时间来请求我买你的广告了，我现在想知道的是，你为何要坚持这样做。"

斯尔曼说："我并不认为自己是在浪费时间，相反，我倒是觉得自己在上学，而你就是我的老师，我一直在训练自己在逆境中的坚持精神。"那位商人点点头，接着斯尔曼的话说："我也要向你承认，我也等于在上学，而你就是我的老师。你已经教会了我坚持到底这一课，对我来说，这比金钱更有价值，为了向你表示我的感激，我要买你的一个广告版面，当作我付给你的学费。"

就这样，斯尔曼凭着自己坚持到底的精神赢得了那个客户，达到了预期的目标。

在生活和事业中，我们往往因为缺少坚持的精神而和成功失之交臂。有的时候，成功者与失败者之间的区别也就仅仅在于是否能够坚持到底。

摩托罗拉这一商标名称有"开动"与"收音机"的双重含意，这与公司最初的产品路线有关，摩托罗拉最初并不是做寻呼机和移动电话的品牌，而专门生产汽车收音机。当时，高尔文在一个蓄电池厂里工作，但后来他觉得生产汽车收音机一定比蓄电池更有前途。于是他辞去蓄电池工厂的工作，独自搞起汽车收音机来。

1928 年 9 月 25 日，高尔文制造公司在芝加哥哈里林街847 号一座出租大楼的房子里诞生了，雇员仅 5 人。在最初的几个月，公司的运转十分困难，连房租都交不起。高尔文定下规矩：凡是不马上用的东西一概不买，他们第一个星期支付的工资仅 63 美元。

流动资金不足，让高尔文伤透了脑筋，唯一的办法就是求助于银行。为了争取贷款，在与一家主要的银行谈判中，高尔文曾建议为银行家的一辆汽车装一台收音机，作为测试汽车收音机的实际表演。

在贷款文件最后签字的日子里，高尔文带着一队人，为银行家的帕卡德牌新车安装收音机。当安装完成，收音机开动运转正常后，银行家们心情激动地将车开走。但是，才没开出多远，车内的收音机便起火了。高尔文赶到现场时，就看到被救火队浇灭的那辆冒烟的帕卡德牌汽车只剩下残骸了。

这件事在好长一段时间里，影响着全厂的气氛。当时有好几位朋友劝他放弃，都被他毫不客气地赶走了。高尔文在自传中说："你得坚信你的决策——真的，人的一生也许就因某一次决策而大为改观，你不要轻易改变自己的决定。"

第二年，为了公司的生存，为了跻身于汽车收音机的生产行列，高尔文在 1930 年 6 月及时完成一个完好的收音机装置，开车到了亚特兰大市场举行的"收音机厂商协会会议"

上去展示。

在会场，他没有摊位，没有职位，也没有表演的地方，只好在临近的会场附近的一条环形路上，找了一个停放汽车的位置。这里会有一些散步的与会商人，高尔文竭力吸引他们到他的车里参观，让他们听他的车载收音机。他的妻子丽莲，在高尔文去联系别的商人时，也会怀着和高尔文一般的热情展示他们的收音机。

后来，他们的展示，的确引起了一些人的重视，但却被人们误认为是"非法贩酒商人"。当有人慕名来找他，问他："你的酒在哪儿？"他的妻子深感尴尬，拉着高尔文，劝他赶紧放弃这项工作。

然而高尔文依然坚持自己的意见：虽然这次亚特兰大市之行没有得到什么直接的或积极的效果，但不失是一个有希望的开端。有些商人对汽车收音机有了好印象，订购了一两台。还有的人买得多一些，最多的一位要 6 台。

但后来的 55 型汽车收音机，由于电力供应设计得不合规格——为了收音机能在汽车内成功地运转，又没有保险丝产生强烈的电源交流，他们将电线同蓄电池直接连接起来，而未用保险丝——导致功率不足，振动器紧贴，变电器着火，然后是电线，最后连汽车也着了起来。

有一位衣阿华州苏城的代理人，就在他的车里装了一台 55 型收音机。当时车放在车库中，收音机起火后，汽车也着了，然后是车库，这个车库又与其他房屋相连，结果把房子烧掉一半。还有一个55型收音机，是安装在一个丧葬的灵车中，收音机使车着火，后来连灵车上的尸体也烧成了灰烬，结果引起了其亲友的极度愤怒。

在越来越多的怨言与愤怒指责中，没有任何一个人能够若无其事，高尔文也不能例外，他也感到失望。但是，他却仍然从来都没有后悔过自己当初生产汽车收音机的决策。

到1930年年底，他的制造厂账面上净欠374万美元。在一个周末的晚上，高尔文回到家中，他的妻子正等着他拿钱回家买食物、交房租，可是他摸遍全身却只有24美元，而且还是借的。

高尔文并未被这些倒霉的事情弄得萎靡不振。面对当时的局面，他决定回收已装运的几千台55型收音机，然后把这些收音机毁掉。艰苦与不景气的岁月，不能动摇他当初的决策，只能更加证明他果断的决策能力。

高尔文说："我们已经跌倒多次了，我知道我能重新站立起来因为我相信自己的决策，我得坚持下去。"

顽强的意志，使高尔文能够坚持自己的决策，在总结了所有失败的经验后，经过多年的不懈奋斗，终于成就了今天辉煌的事业，这就是当年的汽车音响公司，今天的摩托罗拉公司。

坚持是解决一切困难的钥匙，它可以使我们在企业面临困难时把万分之一的希望变成现实。歌德这样描述坚持的意义："不苟且地坚持下去，严厉地驱策自己继续下去，就是我们之中最微小的人这样去做，也很少不会达到目标。因为坚持的无声力量会随着时间而增长，到没有人能抗拒的程度。"所以，为了我们自己的事业，我们应该坚守执着，也许收获有迟有早，有大有小，但我们坚守执着的本身，就是一种人生的一大收获。坚持是一场漫长的分期分批的投资，而落实是对这场投资的一次性回报。作为一个执行者，他决不会在困难面前停止不前，因为执着于工作本身就是执行者的工作作风。

百折不挠，永不放弃

工匠精神是一种孤独的坚持，不为一夜成名，只在知行合一。为何普罗大众大多能成为工匠，却难以成为工匠大师呢？其区别就在于其对"工匠精神"的坚持与坚守——当一个人坚持不懈、精益求精；不达目标不罢休、越过此山上彼峰；心中"没有最好、只有更好"等事业与理想的追求时，他们就会有一种一生耐得住寂寞的毅力与坚强，拥有追求无止境的卓越精神，就会成为一生的目标；则其乘"工匠精神"之翅，飞越一个又一个人生巅峰的理想，就能不断地达到。

有一对兄弟从农村来城里打工，他们既没有学历又没有工作经验，几经周折才被一家礼品公司招聘为业务员。

兄弟二人没有固定的客户，也没有任何关系，每天只能提着沉重的影集、钥匙链、镜框、手电筒以及各种工艺品的样品，沿着城市的大街小巷去寻找买主。半年过去了，他们跑断了腿，磨破了嘴，仍然到处碰壁，连一个钥匙链也没有推销出去。

工匠精神

卓越员工的十项修炼

无数次的失望磨掉了弟弟最后的耐心，他向哥哥提出两个人一起辞职，重找出路。哥哥说，万事开头难，再坚持一阵，兴许下一次就有收获。弟弟不顾哥哥的挽留，毅然告别那家公司。

　　第二天，兄弟俩一同出门。弟弟按照招聘广告的指引到处找工作，哥哥依然提着样品四处寻找客户。那天晚上，两个人回到出租屋时却是两种心境：弟弟求职无功而返，哥哥却拿回来推销生涯的第一张订单。一家哥哥四次登门过的公司要召开一个大型会议，向他订购二百五十套精美的工艺品作为与会代表的纪念品，总价值二十多万元。哥哥因此拿到两万元的提成，淘到了打工的第一桶金。从此，哥哥的业绩不断攀升，订单一个接一个而来。

　　几年过去了，哥哥不仅拥有了汽车，还拥有一百多平方米的住房和自己的礼品公司。而弟弟的工作却走马灯似的换着，连穿衣吃饭都要靠哥哥资助。

　　弟弟向哥哥请教成功真谛。哥哥说："其实，我成功的全部秘诀就在于我比你多了一份坚持。"

　　不管做什么事，只要放弃了，就没有成功的机会；不放弃，就会一直拥有成功的希望。如果你有99%想要成功的欲望，却有1%想要放弃的念头，这样也只能与成功擦肩而过。

　　不幸的是世界上有太多的放弃者。在工作中，我们总会

第十章　工匠之坚持

遇到许多困难，有人一次就放弃，有的人两次后放弃，也有的人坚持到五次后放弃，不管几次，放弃的结果是一样的——失败。其实，失败几次不要紧，只要不放弃，就只有一种结果——成功。

美国一个伟大的大学篮球教练，执教一个很差劲的大学球队，因为这是个刚刚连输了十场比赛而开除了教练的大学球队。这位教练给队员灌输的观念是"过去不等于未来"，"没有失败，只有暂时停止成功"，过去的失败不算什么，这次是全新的开始。

结果第十一场比赛打到中场时又落后了三十分，休息室每个球员都垂头丧气，教练说："你们要放弃吗？"球员嘴里讲不要放弃，可肢体动作表明已经承认失败了。于是，教练就开始问了一个问题："各位，假如今天是篮球之神迈克·乔丹遇到了连输十场比赛后，又在第十一场落后三十分的情况下，篮球天王，迈克·乔丹，他会放弃吗？"球员道："他不会放弃！"教练又道："假如今天是拳王阿里被打得鼻青脸肿但钟声还没有响起，比赛还没有结束的情况下，拳王，阿里，会不会选择放弃？"球员答道："不会！假如发明电灯的爱迪生，假如来打篮球，他遇到这种状况，会不会放弃？"球员回答："不会！"最后，教练又问他们第四个问题："米勒会不会放弃？"这时全场非常安静，有人举手问："米勒是哪门子人物，怎么连听都没听说过？"

教练带着一个淡淡的微笑道："这个问题问得非常好，因为米勒以前在比赛的时候选择了放弃，所以你从来就没有听说过他的名字！"

这个故事向我们昭示：失败只有一种，那就是放弃。在困难面前，永远不要轻易说放弃。放弃必然导致彻底的失败。而不放弃，总会找到解决的办法，总会有所收获。所以，无论工作有多大的困难，我们永远都不要轻易放弃！不放弃，是企业员工跃过峻岭沟壑的勇气，涉过激流险滩的毅力，拥有了它，企业会走出今日的困惑，拥有了它，企业员工便拥有了一个光辉灿烂的明天。

有一所大学邀请一位资产过亿元的成功企业家演讲，在自由提问时，一位即将毕业的大学生问："我参加过多次校内创业，可是没有一次成功，最近参加多次校园招聘也没有一次获得签约机会。请问我什么时候才能成功，怎样才能成功？"这位企业家没有正面回答，而是讲述了自己登山的经历。

这位企业家登的是珠穆朗玛峰。由于登山经验不足，加上高原反应很强烈，没有控制好呼吸，氧气消耗得很快。当他爬到 8300 米左右的高度时，突然发现有些胸闷，原来氧气已经不多了。此时，摆在他面前的选择是两个，一个是一边往下撤，一边向半山腰的营地求救，生命应该没有危险，但登顶的机会就只能留到下一次了；另一种选择是，先登上顶峰再说。不肯轻易认输的他选择了后者。

第十章 工匠之坚持

当他爬到8400米的位置上时，发现路边扔了很多废氧气瓶，他逐个捡起来掂量。在8430米左右的一个路口，他捡到了一个盛有多半瓶氧气的氧气瓶。靠着这半瓶氧气，他登上了顶峰，并安全撤回了营地。

"行一百里者半九十。"最后的那段路，往往是一道最难跨越的门槛。其实每一个人的一生中，无论工作或生活，都会或多或少地出现这样那样的极限环境，或者说极限困境。有的时候就需要那么一点点毅力，一点点努力的坚持，成功就能触手可及，而不是充满遗憾地擦肩而过。

工作中，只要不断努力去做，就能战胜一切困难。哪怕事情再苦、再难，只要我们不放弃，只要我们"再坚持一下"，我们就有希望，就有成功的可能。

成功源自于寂寞中的坚持

很多时候，工匠行为的成果，可能需要数年甚至数十年的时间，人们才能完全意识到它的社会影响力，所以，要成为工匠，前提就是要耐住寂寞，数十年如一日地追求着职业技能的极致化，靠着传承和钻研，凭着专注和坚守，去缔造了一个又一个的奇迹。

有这样一个小故事：

一个小和尚耐不住禅院的寂寞，总觉得修行太慢，感觉不出自己的长进，甚至他怀疑自己究竟能不能修成正果。

有一天，他再也没法儿忍受了，就向来禅师发牢骚，说自己没有慧根，缺少佛性，对自己失去信心了。

老禅师微微一笑："山腰的工地上，石匠们正在为本寺加工佛像，你反正也静不下心来，就跟他们去劳动吧，做个帮手，学点手艺……"

小和尚一听，居然特别高兴，心想，终于可以出去透透风了。

可是三天后小和尚来找禅师，他满面惭愧："师父，我还是回来修行吧，连四角八棱的粗糙岩石都能在工匠的雕琢下变成仪态万方的石佛，何况我是一个人呢？"

人人都有寂寞的时候，但并非人人都能够战胜寂寞感。一个成功的人是不怕寂寞的，是因为他懂得战胜寂寞、品味寂寞。

寂寞，是思想上的考验，更是精神的历程。任何一个有辉煌成就的人，都是与寂寞做伴。寂寞孤独的人未必都能取得辉煌，但有辉煌成就的人一定能经得起磨难，耐得住寂寞，承受得住孤独。

"非淡泊无以明志，非宁静无以致远" 意思就是说，如果一个人在内心宁静的状态下能更深入地思考问题，一个人能耐得住寂寞，那么他的人生境界就会不断提高，他的生命就有高度、就有厚度。

在美国的一座山丘上，有一间不含任何有毒物、完全以自然物质搭建而成的房子，里面的人需要由人工灌注氧气，并只能以真空与外界联系。住在这间房子里的主人叫辛蒂。1985 年，辛蒂在医科大学念书，有一次到山上散步，带回一些蚜虫。她拿起杀虫剂为蚜虫去除化学污染，却感觉到一阵痉挛，原以为那只是暂时的症状，谁料到自己的后半生就毁于一旦。杀虫剂内含的化学物质使辛蒂的免疫系统遭到破坏。她对香水、洗发水及日常生活接触的化学物质一律过敏，连空气也可能使她支气管发炎。这种"多重化学物质过敏症"是一种慢性病，目前尚无药可医。患病头几年，辛蒂睡觉时口水流淌，尿液变成了绿色，汗水与其他排泄物还会刺激背部，形成疤痕。辛蒂遇到的这一灾难所承受的痛苦是令人难以想象的。1989年，她的丈夫吉姆用钢与玻璃为她盖了一个无毒的空间，一个足以逃避所有威胁的世外桃源。辛蒂所有的食物和水都经过选择与处理，她平时只能喝蒸馏水，食物中不能含有任何化学成分。8年来，35岁的辛蒂没有见到一棵花草，听不见悠扬的声音，感觉不到阳光、流水。她躲在无任何饰物的小屋里，饱尝孤独之余，还不能放声大哭。因为她的眼泪和汗一样，可能成为威胁自己的毒素。而坚强的辛蒂并不在痛苦中自暴自弃，她不仅为自己，也为所有化学污染的牺牲者争取权益而奋战。1986年，辛蒂创立了"环境接触研究网"，致力于此类病变的研究。1994年再与另一组织合作，创立"化学伤害资讯网"，保证人们免受威胁。目前这一"资讯网"已有5000多名来自32个国家的会员，不仅发行刊物，还得到美国上院、欧盟及联合国的支持。生活在这个寂寞的无毒世界里，辛蒂以自己的方式创造出成功的奇迹。

由此可见，甘于寂寞，可以让人静下心来，隔绝纷繁，利用这一刻的时间来完成自己的任务。只有能够勇敢面对寂寞，不怕寂寞的人，才能有力量让他的才能在寂寞中生光。

古往今来，一切有成就的人，也往往是最寂寞的人，而他们带给人们的往往是最美丽的东西，就是因为他们不怕寂寞，敢于面对寂寞。

一家跨国企业发布了招聘启事，数百人前来应聘，而公司的招收名额不足十名。

公开招聘是在早上9点，设在一个大会议室里。公司将应聘者的名单贴在椅子上，让他们对名入座，然后在自己的座位上静静地等待。可是，几个小时过去了，没见招聘人员身影；半天过去了，还是没有人来……一些经过充分准备的应聘者们便失去了耐心，有人开始大声提出抗议，有人开始不停地来回走动，整个会议室由安静变得嘈杂起来。

午饭的时间都过去了，大多数应聘者终于失去最后一点耐心，选择了离开。也是，一个上午都没见到面试官，午休时更不会有人来了，总不能让大家在这里无限地空等下去吧。一会儿，会议室里便只剩下五个人。这些人除了去过厕所外，一直坐在自己的座位上，或深思或看书……他们的与众不同显得很是孤寂。

就在大家苦苦等待的时候，面试官来了，将剩余的五个人全部录用。面试官说："耐得住寂寞静心等待的人最善于思考，最能获得成功。所以，公司采用这种方法招聘。"

看来，只要你耐得住寂寞，倾心于事业，才能干出非凡的成绩。正如演员王学圻所说，作为一名演员要耐得住寂寞才能创造出成功的辉煌。耐得住寂寞是所有成功者遵循的一种原则。工作中，只要我们能够耐得住寂寞，就能够甘于在底层磨炼摔打，精心积蓄，变失败为成功，最终走到事业的顶峰。

勇往直前，不畏任何困难和失败

工作就是解决问题，因为在工作中，永远会有下一个问题，在不远的地方等着我们去解决，甚至有些问题像一座山一样，挡在路中间，我们得像愚公一样，把它移开，否则工作就不会有什么大的进展。

小王去年从大学毕业之后，便到江苏镇江的一家广东公司的分公司做文员，虽然自己当初的专业是中文，但是由于刚刚毕业，一点工作经验也没有，对文员的日常工作不太懂，经常在工作中出现错误。老板一开始还能够容忍，但是时间一长，便失去了耐心，偶尔就会责骂小王几句。小王是一个性格内向，自尊心很强的人，感到工作中的困难很大，老板还责骂自己。混了没几个月就辞职离开了这家公司。小王觉得文员的工作太累太麻烦，打算回家做一个中学老师，虽然薪水固定，但是最起码可以过一种简单安逸的生活。一回到家，小王就找关系，希望进入当地一所中学。托关系找的人告诉他一定可以办妥此事，但是他的承诺迟迟都没兑现，害得小王在家荒废了将近半年的时间。最后在家人的劝说下，小王准备去深圳闯荡一番。到深圳之后，小王准备应聘行政管理，虽然得到了几次面试机会，但是人家都以他没工作经验或经验不足拒绝了他。

后来小王在同学的介绍下，在商场当起了导购，但是没干多长时间就又辞职不干了。他想到内地的一些二线城市去找工作，但是那里的工作机会比沿海城市更少。小王现在真的没脸回家了。他非常后悔当初做文员的时候，不应该轻率地辞职，因为现在想想那些工作困难根本不算什么，如果自己再努力些，完全可以做得很好的。可是后悔已经迟了。

小王的失败经历告诉我们，在面对职场中的困难的时候，首先要保持一颗正确心态，要知道困难并不可怕，只要自己勇敢地面对，在工作中努力提高自己，那么困难就会迎刃而解，成功就会逐渐到来。

困难是一个人提高工作能力和丰富工作经验的最好机会。从困难中，你可以学到通常情况下难以接触到的东西，让自己逐渐变得成熟而勇敢，对工作的处理更得心应手。假如学会了在困境中的奋斗，顺境中的事情对你来说都将算不了什么，因为需要的技能和意志在困难中已经得到了磨炼和提高。

卡洛斯在一家很大的跨国公司任职，年轻有为的他30岁时就已经做到了部门经理助理的职位。忽然一天，总经理叫他到办公室，宣布将他调到国外的分公司去任职，而且在这次调令发布前毫无迹象可寻。

公司总经理还半真半假地对他说："如果不是因为你能力出众，公司是不会派你到下边分公司任职的，希望你能够充分施展自己的才华，帮助分公司提高一下工作效率，多为总公司创造效益。"卡洛斯听了这些话一时没有反应，因为他十分了解国外那个分公司的情况，那个国家经济落后，分公司刚成立不久，管理混乱，目前一直在亏损，仅凭自己一己之力很难保证会使大局改观。卡洛斯心想："公司为什么会选中我呢？自己的工作刚刚有了一点起色就被调离，是因为自己在工作中出现了失误，还是有人背后捣鬼。况且这一去就是三年，自己的家庭是否还能保持原状……"

很快，卡洛斯就从不安中清醒过来。他知道目前总经理的决定是不可能改变的，与其退缩就意味着自己放弃了这份工作，不如勇敢面对这个现实吧。自己毕竟有了几年在总公司的工作经验，现在也正是考验自己能否独当一面的机会。想到这里，他从容地接受了这个任命。

到了分公司后，一切果然如卡洛斯所料，那里人浮于事，效率低下，员工大都抱着混日子的态度，心想，这个分公司说不定哪天就会撤销了。到任后的卡洛斯利用在总公司学到的管理经验，向分公司的员工传达了一个信息，那就是：这个分公司是总公司非常重视的一个部门，是绝对不会撤销的，而且总公司为此制订了长期的发展计划和奖励制度。这样一来，分公司的军心得到了稳定，员工们都把心思转到了积极工作上来，不到两年时间，公司就扭转了亏损的局面。

三年的任期很快满了，卡洛斯由于出色的工作得到了总经理的肯定，调回到总公司后很快就成了公司历史上最年轻的副总经理。

检验一个人的工作能力最好是在他处于困境的时候。看一看是否经得起困难的磨炼，困难能否唤起他更多的勇气，能否使他发挥出更大的潜力。一个把困难看作垫脚石的人，将会从困难中体会到快乐和幸福，而一个把困难看作绊脚石的人，只会从困难中体会到悲哀和失败。

当我们刚调换到一个新岗位时，自己首先应该摆正心态，既要有足够的信心去面对新的挑战，又要做好面对困难的心理准备。即便在工作中遇到了挫折，也不能使自己被困难所吓倒，而要把挫折当作历练自己的机会。如果你认为自己仍屹立不倒，那你就会真的屹立不倒；如果你想赢，但又认为自己没有实力，那你一定不会赢；如果你认为自己会失败，那你必败无疑；如果你自惭形秽，那你就不会成为一个强者。

李·艾柯卡是一个传奇性人物，在美国，他的名字家喻户晓。他曾是美国福特汽车公司的总经理，也是克莱斯勒汽车公司的总经理。作为一个强者，他的座右铭是："奋力向前。即使时运不济，也永不绝望，哪怕天崩地裂。"他 1985 年发表的自传，成为非小说类书籍中有史以来最畅销的书，印数高达 150 万册。

李·艾柯卡的一生苦乐参半，他不光有成功的欢乐，也有挫折的懊丧。1946 年，21 岁的艾柯卡到福特汽车公司当了一名见习工程师。但他对和机器做伴、做技术工作不感兴趣。他喜欢和人打交道，想搞经销。于是，艾柯卡靠自己的奋斗，由一名普通的推销员开始做起，终于一步一步地当上了福特公司的总经理。

没有天天都是顺风顺水的好日子，生活中总会有些磨难。1978 年 7 月 13 日，对李·艾柯卡来说是不幸的一天。就在这天，他被妒火中烧的大老板亨利·福特开除了。当了 8 年的总经理、在福特工作已 32 年、一帆风顺、从来没有在别的地方工作过的李·艾柯卡，突然间失业了。昨天他还是英雄，今天却好像成了麻风病患者，人人都远远避开他，过去公司里的所有朋友都抛弃了他，这是他生命中最大的打击。"艰苦的日子一旦来临，除了做个深呼吸，咬紧牙关尽其所能外，实在也别无选择。"艾柯卡是这么激励自己的，最后也是这么做的。他没有倒下去。他接受了一个新的挑战：应聘到濒临破产的克莱斯勒汽车公司出任总经理。

在以后的 5 年里，面对着克莱斯勒这艘有待抢救的沉船，李·艾柯卡凭借着他的智慧、胆识和魄力，大刀阔斧地对企业进行了整顿、改革，并向政府求援，舌战国会议员，

工匠精神
卓越员工的十项修炼

取得了巨额贷款，重振企业雄风。1983年8月15日，李·艾柯卡把面额高达8亿多美元的支票，交给银行代表手里。至此，克莱斯勒还清了所有债务。而恰恰是5年前的这一天，亨利·福特开除了他。

如果李·艾柯卡不是一个坚忍的人，不敢勇于接受新的挑战，在巨大的打击面前一蹶不振、偃旗息鼓，那么他永远只是一个微不足道的小人物。然而，正是因为他拥有不屈服挫折和敢于面对困难的精神，才成就了事业上的辉煌，在挫折中蜕变出美丽的光彩。

在工作中，遇到挫折困苦，强者会感恩它，笑脸相对。当我们穿越苦难回过头来看走过的路，才会觉得只有根植于挫折的不懈奋斗才是最有意义的，才会品咂出一种用痛苦酿就的幸福。那从苦难深处漾出来的微笑，会扫尽你心底的阴霾，会像一盏明灯，照亮你事业前方遥远的路途。用一张微笑的脸去面对苦难，那么所有的苦难终会在工作的岁月中绽放出最辉煌的事业成就。